IL DIRITTO PRIVATO

IN 90 SCHEMI

IL DIRITTO PRIVATO ATTRAVERSO
MAPPE SCHEMI E PAROLE CHIAVE

Il diritto privato è una materia molto vasta e complessa. Sbaglia profondamente chi dice che per superare l'esame serve tanta memoria.

Per superare l'esame di diritto privato serve COMPRENDERE i meccanismi logici che la animano e le RELAZIONI CONCETTUALI che tengono insieme i diversi argomenti e offrire sin dalla prima mappa una LETTURA ORGANICA.

Nella prossima pagina il lettore non troverà un classico indice degli argomenti ma una

MAPPA DEGLI ARGOMENTI

degli elementi fondamentali del diritto privato. Si vedrà subito come i diversi argomenti sono uniti tra loro da fili spessi o sottili. Quella ragnatela costituisce le **CONNESSIONI** che tengono insieme il diritto privato e lo rendono una materia comprensibile perché logica e coerente.

Bisognerà contemporaneamente IMPOSSESSARSI DELLE PAROLE.
Le MAPPE E GLI SCHEMI che qui proponiamo insieme agli ARTICOLI CHIAVE servono precisamente a questo. In ogni articolo proposto sono evidenziate le parole chiave: vanno comprese e bisogna saperle spiegare (un consiglio per riuscire più facilmente: commentarle ad alta voce e 'legarle' ad altri articoli o concetti del diritto secondo le linee che qui disegniamo).
Tutto ciò NON SOSTITUISCE I MANUALI, semmai li accompagna o precede quel tanto che basta a offrire un contesto di lettura generale.
Così qui non si troveranno tutti gli argomenti ma si troverà qualcosa in più: il legame tra i concetti fondamentali (e sono centinaia!) della materia.

BUONO STUDIO E... IN BOCCA AL LUPO!

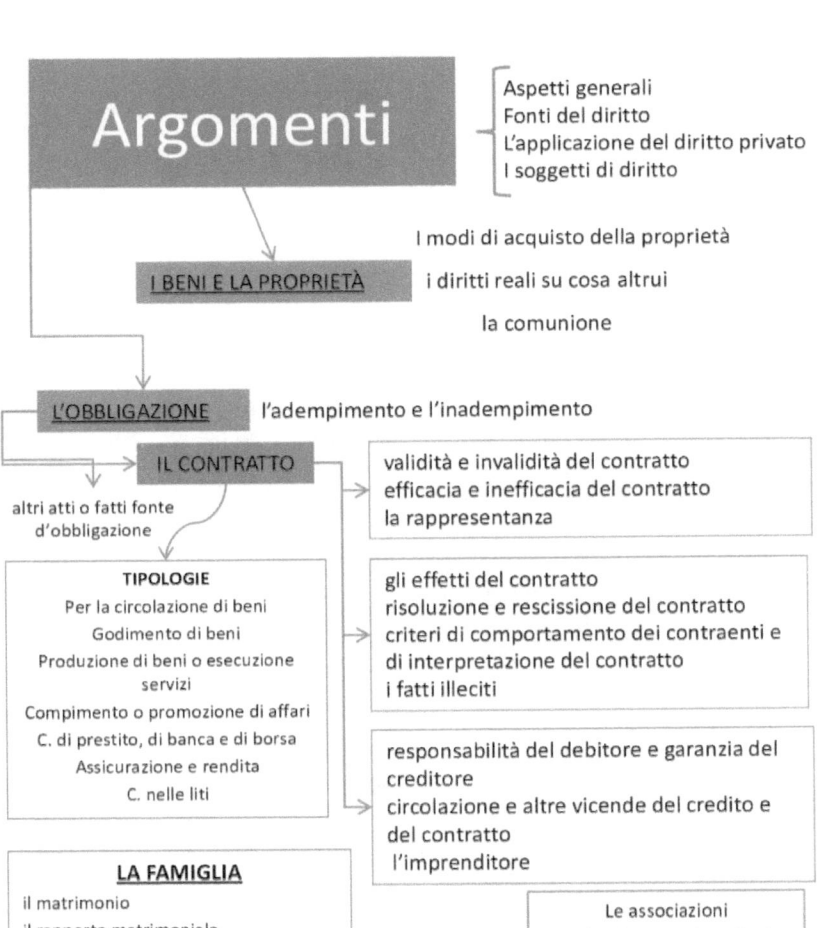

Argomenti

Aspetti generali
Fonti del diritto
L'applicazione del diritto privato
I soggetti di diritto

I modi di acquisto della proprietà

I BENI E LA PROPRIETÀ

i diritti reali su cosa altrui

la comunione

L'OBBLIGAZIONE

l'adempimento e l'inadempimento

IL CONTRATTO

validità e invalidità del contratto
efficacia e inefficacia del contratto
la rappresentanza

altri atti o fatti fonte
d'obbligazione

TIPOLOGIE
Per la circolazione di beni
Godimento di beni
Produzione di beni o esecuzione
servizi
Compimento o promozione di affari
C. di prestito, di banca e di borsa
Assicurazione e rendita
C. nelle liti

gli effetti del contratto
risoluzione e rescissione del contratto
criteri di comportamento dei contraenti e
di interpretazione del contratto
i fatti illeciti

responsabilità del debitore e garanzia del
creditore
circolazione e altre vicende del credito e
del contratto
l'imprenditore

LA FAMIGLIA

il matrimonio
il rapporto matrimoniale
i rapporti patrimoniale nella famiglia
la filiazione

Le associazioni
Le fondazioni e i comitati
Le società
Società cooperative

SUCCESSIONE

le successioni a causa di morte
le successioni per legge
la successione testamentaria e la donazione
la trascrizione
Le prove
La prescrizione e la decadenza

IL FALLIMENTO
e le altre procedure
concorsuali

ASPETTI GENERALI

Principi e distinzioni fondamentali

Le fonti

Com'è fatto il Codice Civile?

I soggetti del diritto

I diritti della persona

In generale

l'insieme e il complesso delle norme giuridiche che regolano la vita dei membri della comunità di riferimento forza (potere) di far applicare le leggi

{ Le regole morali non hanno forza applicativa }

Organizzazione apposita
AUTORITA'

Creazione
Autorità statale: Stato
Autorità infrastatuale Regioni
Autorità sovranazionale Unione Europea

rispetto
Autorità giudiziaria
nazionale ed europea

ORDINAMENTO GIURIDICO
l'insieme delle norme di un determinato sistema

NORMA GIURIDICA unità base del sistema giuridico
GENERALE E ASTRATTA

Distinzioni fondamentali

DIRITTO PRIVATO	DIRITTO PUBBLICO
Regola i rapporti tra privati È un rapporto tra pari	Riguarda l'interesse pubblico Il rapporto non è tra pari: l'interesse pubblico prevale su quello del privato

NB L'autorità pubblica opera nel diritto pubblico quando esercita azioni volte all'interesse generale, altrimenti anch'essa opera in regime di diritto privato.
Esempio: fornitura di beni o servizi

Distinzioni fondamentali

DIRITTO PRIVATO	DIRITTO PUBBLICO
Regola i rapporti tra privati È un rapporto tra pari	Riguarda l'interesse pubblico Il rapporto non è tra pari: l'interesse pubblico prevale su quello del privato

NB L'autorità pubblica opera nel diritto pubblico quando esercita azioni volte all'interesse generale, altrimenti anch'essa opera in regime di diritto privato. Esempio: fornitura di beni o servizi

DIRITTO OGGETTIVO

è l'insieme di norme giuridiche che disciplinano le relazioni di un gruppo organizzato di persone.

DIRITTO SOGGETTIVO

è la potestà di far valere pretese riconosciute dal diritto oggettivo. E' una situazione giuridica ATTIVA.

DIRITTI ASSOLUTI	DIRITTI RELATIVI
Sono riconosciuti nei confronti di tutti. ESEMPIO: diritto di proprietà 'erga omnes'	Sono riconosciuti ad un soggetto nei confronti di uno o più soggetti individuati o individuabili ma relativamente ad una situazione. ESEMPIO: risarcimento di un danno

(La proprietà di un bene vale nei confronti di tutti ma se quel bene subisce un danno posso rivalermi sono verso chi l'ha fatto)

FATTI GIURIDICI

Un accadimento che genera effetti giuridici. Può essere naturale o umano

Sottoinsieme dei fatti giuridici

ATTI GIURIDICI

Quei fatti che sono destinati a produrre effetti giuridici

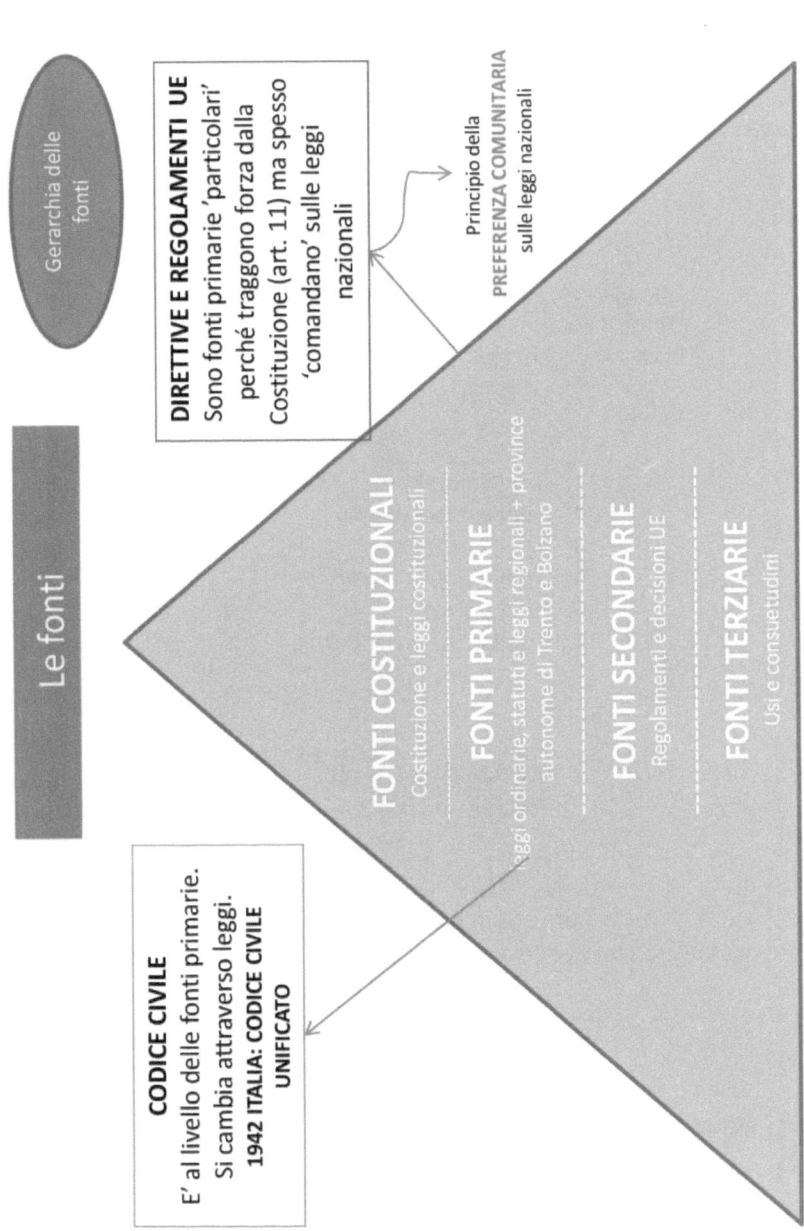

Gerarchia delle fonti

Le fonti

DIRETTIVE E REGOLAMENTI UE
Sono fonti primarie 'particolari'
perché traggono forza dalla
Costituzione (art. 11) ma spesso
'comandano' sulle leggi
nazionali

Principio della
PREFERENZA COMUNITARIA
sulle leggi nazionali

FONTI COSTITUZIONALI
Costituzione e leggi costituzionali

FONTI PRIMARIE
Leggi ordinarie, statuti e leggi regionali + province
autonome di Trento e Bolzano

FONTI SECONDARIE
Regolamenti e decisioni UE

FONTI TERZIARIE
Usi e consuetudini

CODICE CIVILE
E' al livello delle fonti primarie.
Si cambia attraverso leggi.
**1942 ITALIA: CODICE CIVILE
UNIFICATO**

Come è fatto il codice civile?

UNA PARTE PRELIMINARE

Disposizioni sulle leggi in generale (preleggi)
Definisce le fonti del diritto
Fissa i criteri di interpretazione

APPLICAZIONE DEL DIRITTO

SEI LIBRI
1. delle persone e della famiglia
2. delle successioni
3. della proprietà
4. delle obbligazioni
5. del lavoro
6. della tutela dei diritti

Interpretazione della legge

Letterale le parole non possono avere altro significato che quello palese

Analogica si prendono in considerazione casi simili

Sistemica si ricostruisce la norma nel contesto generale del sistema giuridico

I soggetti del diritto

Tutte le **PERSONE**
idonee ad essere
TITOLARI di diritti soggettivi

→ FISICHE

→ GIURIDICHE

CAPACITÀ GIURIDICA

Si acquista quando si nasce e si perde quando si muore
Indica la suscettibilità di un soggetto ad essere titolare di situazioni
giuridiche attive, sia diritti che obblighi

CAPACITÀ D'AGIRE

indica l'idoneità del soggetto a porre validamente in essere atti idonei
ad incidere sulle posizioni giuridiche soggettive di cui è titolare.

Persone fisiche

Persone giuridiche

Incapacità

Hanno piena capacità di agire ma la loro
volontà non si manifesta autonomamente
ma si esprime attraverso gli amministratori
e/o gli organismi previsti dalla legge per le
diverse tipologie di soggetti collettivi

ASSOLUTA minorenni e interdetti legali (motivi penali) o
giudiziali (infermità mentale stabile)
RELATIVA –minorenni emancipati e inabilitati: possono
compiere atti di ordinaria amministrazione
NATURALE incapacità circoscritta ad un condizionamento
temporaneo (droghe, ipnosi...)

I DIRITTI DELLA PERSONA

Dichiarazione Universale dei Diritti Umani
Convenzione Europea dei Diritti dell'Uomo
in maniera internazionale

Italia

I DIRITTI DELLA PERSONALITÀ

Il Diritto alla Vita e all'Integrità Fisica

Il Diritto all'Integrità Morale, all'Onore, all'Immagine e alla Riservatezza

Il Diritto alla Libertà e alla Libera Esplicazione della Propria Attività

Il Diritto al Nome

ASSOLUTI sono protetti erga omnes
INDISPONIBILI sono irrinunciabili
IMPRESCRITTIBILI valgono nel tempo, non decadono

CODICE CIVILE
Preleggi

Articolo 1 Indicazione delle fonti

Sono fonti del diritto:

1) le **leggi**;
2) i **regolamenti**;
3) [le norme corporative] (ABROGATIO);
4) gli **usi**

Qui si e' inserita la costituzione che e' gerarchicamente superiore.
al suo interno la costituzione prevede la fonte degli accordi internazionali (da cui l'unione europea):

COSTITUZIONE Art. 11.
L'Italia ripudia la guerra come strumento di offesa alla liberta` degli altri popoli e come mezzo di risoluzione delle controversie internazionali; **consente, in condizioni di parità con gli altri Stati, alle limitazioni di sovranità necessarie ad un ordinamento che assicuri la pace e la giustizia fra le Nazioni; promuove e favorisce le organizzazioni internazionali rivolte a tale scopo.**

Preleggi Articolo 12 Applicazione della legge

Nell'applicare la legge non si può ad essa attribuire altro senso che quello fatto palese dal significato proprio delle parole secondo la connessione di esse(, e dalla intenzione del legislatore(. Se una controversia non può essere decisa con una precisa disposizione(, si ha riguardo alle disposizioni che regolano casi simili o materie analoghe; se il caso rimane ancora dubbio, si decide secondo i principi generali dell'ordinamento giuridico dello Stato(5).

I BENI E LA PROPRIETÀ

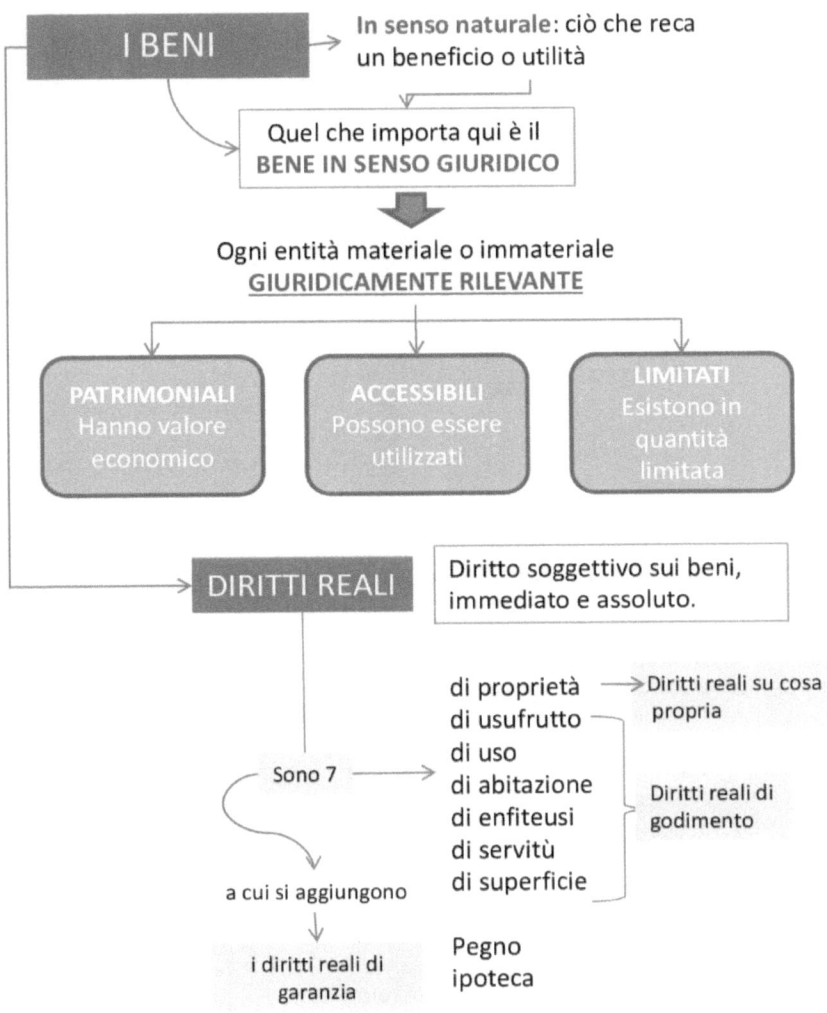

I BENI

In senso naturale: ciò che reca
un beneficio o utilità

Quel che importa qui è il
BENE IN SENSO GIURIDICO

Ogni entità materiale o immateriale
GIURIDICAMENTE RILEVANTE

PATRIMONIALI
Hanno valore
economico

ACCESSIBILI
Possono essere
utilizzati

LIMITATI
Esistono in
quantità
limitata

DIRITTI REALI

Diritto soggettivo sui beni,
immediato e assoluto.

Sono 7

di proprietà → Diritti reali su cosa
propria

di usufrutto
di uso
di abitazione
di enfiteusi
di servitù
di superficie

Diritti reali di
godimento

a cui si aggiungono

i diritti reali di
garanzia

Pegno
ipoteca

BENI IMMOBILI es. suolo, le sorgenti, i corsi d'acqua, gli edifici...
Beni mobili registrati
BENI MOBILI tutti i beni non immobili e le energie naturali

BENI CONSUMABILI si estinguono con l'uso
BENI INCONSUMABILI uso continuo nel tempo, anche se logorabili

CLASSIFICAZIONE DEI BENI

BENI IN PATRIMONIO di proprietà di qualcuno
BENI DI NESSUNO senza proprietario

PERTINENZE: cose, mobili o immobili, destinate in modo durevole al servizio o all'ornamento di un'altra cosa, mobile o immobile
IL RAPPORTO PERTINENZIALE relazione tra il bene principale e la pertinenza che – salvo casi espliciti- segue il b. principale.
BENI COMPOSTI pluralità di beni semplici, sono distinguibili e anche separabili tra loro.
BENI FUNGIBILI appartengono ad un genere, all'interno del quale ogni bene è indifferentemente sostituibile
BENI INFUNGIBILI beni con una loro unicità, non replicabile

PROPRIETÀ PUBBLICA E PROPRIETÀ PRIVATA

BENI PUBBLICA
tutti quei beni che appartengono allo stato, agli altri enti pubblici territoriali e sono destinati a soddisfare gli interessi della collettività.

BENI DEMANIALI
beni che possono essere solo di proprietà pubblica
Demanio naturale (spiaggia, porti, fiumi), **Demanio artificiale** (strade, aeroporti..). Sono inalienabili, ossia non possono essere oggetto di compravendita.

BENI PATRIMONIALI
sono di proprietà pubblica ma alienabili e a titolo di proprietà privata e sono soggetti solo alle norme di diritto privato.

STRUMENTI AUTORITATIVI
Es. esproprio

14

LA PROPRIETÀ FONDIARIA

CONFINI

Definiscono il limite fisico del diritto di proprietà
Delimitazione orizzontale e verticale
CRITERIO DEL CONFINE il confine finisce dove termina l'interesse del proprietario ad esercitare il suo diritto. Es. spazio aereo

LIMITI - RAPPORTI DI VICINATO
Atti di emulazione fatti per nuocere o recar danno
Immissioni fumo, acque, calore, rumori e tutto ciò che può creare inquinamento

DISTANZE LEGALI
la legge definisce distanze minime per

COSTRUZIONI almeno 3 metri di distanza da confinanti
POZZI, FOSSI E CISTERNE almeno 2 metri dal confine(fossi: distanza dal confine uguale alla loro profondità)
PIANTAGIONI alberi di alto almeno 3 metri dal confine, altri distanze ridotte.
LUCI E VEDUTE le luci non sono prescritte distanze minime dal confine ma devono essere munite d'inferriate e grate fisse. -le vedute invece devono essere aperte a una distanza di almeno 1m e ½ dal confine
ACQUE tutte le acque sono bene pubblico. Il proprietario ha diritto di utilizzare le acque ma non può sviarle a danno di altri fondi.

DIRITTO DI PROPRIETÀ

facoltà

Godimento del bene
Disposizione del bene

PIENO
il proprietario può farci tutto ciò che è lecito
ESCLUSIVO
il proprietario può escludere chiunque voglia (anche tutti) dal suo uso

VERTICALE
cioè nel sottosuolo e nello spazio sovrastante al suolo.
ORIZZONTALE
ogni proprietà immobiliare si estende nell'ambito dei propri confini.

Azioni a tutela

RIVENDICAZIONE mezzo giudiziale per ottenere la restituzione del bene da chi lo possiede o detiene. è imprescrittibile, salvo usucapione.
AZIONE NEGATORIA negare che altro individuo abbia o possa avere diritti sul bene di proprietà.
REGOLAMENTO DI CONFINI può essere esercitata quando vi sia incertezza in ordine all'esatta ubicazione del confine tra due immobili
NUNCIAZIONE denunzia di nuova opera e denunzia di danno temuto. sono dirette a **prevenire un danno** o comunque **un pregiudizio**

USUCAPIONEL a proprietà si perde per non uso SE al non uso del diritto del proprietario corrisponde il possesso della cosa prolungato nel tempo da parte di altri

IL POSSESSO

è il potere sulla cosa che si manifesta attraverso un'attività corrispondente all'esercizio del diritto di proprietà o di altro diritto reale

Comporta una **materiale disponibilità** della cosa, che è diversa dalla disponibilità giuridica;
Intenzione di **comportarsi come proprietario** della cosa

PROPRIETÀ VS POSSESSO
la proprietà è una situazione di diritto, Il possesso è invece una situazione di fatto

POSSESSO E DETENZIONE
sono un potere di fatto sulla cosa
MA si differenziano in quanto il potere del detentore sulla cosa presuppone e riconosce un possesso altrui. (es. rapporto di locazione).

COME SI ACQUISTA IL POSSESSO?

A TITOLO ORIGINARIO
-Spoglio o occupazione di cose mobili di proprietà di nessuno
-- Mutamento della detenzione in possesso
-- Interversione del possesso
A TITOLO DERIVATIVO
-Consegna della cosa che può essere materiale o simbolica (es. chiavi immobile)
-- Successione.

PROTEZIONE GIURIDICA DEL POSSESSO
È protetto a prescindere da buona o cattiva fede ma chi è in buona fede non è escluso dall'errore ma è escluso da colpa grave
possessore di buona fede: ignora l'esistenza di diritto altrui
possessore di mala fede: colui che sa di possedere cosa altrui.

POSSESSO INTERMEDIO
Il possessore attuale che ha posseduto in tempo più remoto si presume che abbia posseduto anche nel tempo intermedio.
POSSESSO VALE TITOLO
se chi acquista mediante un atto idoneo al trasferimento della proprietà lo fa in buona fede.
SUCCESSIONE DEL POSSESSO Il possesso continua nell'erede con effetto dall'apertura della successione

Al possessore in buona fede spettano poi i frutti del possesso.
Il proprietario non ha comunque diritto al beneficio di investimenti altrui.

LE AZIONI POSSESSORIE

Sono le azioni che l'ordinamento giuridico riconosce per la tutela del possesso

Azioni strettamente possessorie

L'AZIONE DI REINTEGRAZIONE O SPOGLIO

"chi è stato violentemente od occultamente spogliato del possesso, può, entro l'anno dal sofferto spoglio, chiedere contro l'autore di esso la reintegrazione del possesso medesimo".
ha solo funzione di recupero del bene non per risarcimento danni (distruzione o danneggiamento bene)

SPOGLIO

si verifica attraverso violenza: non solo fisica ma in generale per mancanza di volontà di dare la cosa clandestinità: il bene è sottratto a insaputa del possessore.
Limiti:
-entro un anno.
-- no se negligenza del possessore.

L'AZIONE DI MANUTENZIONE

"chi è stato molestato nel possesso di un immobile, di un diritto reale sopra un immobile o di una universalità di mobili può, entro l'anno dalla turbativa, chiedere la manutenzione del possesso medesimo".
Entro un anno.
Si può fare solo per beni immobili e in
CASO DI MOLESTIA
= turbativa nel possesso del bene.

DIFFERENZA TRA REINTEGRAZIONE E MANUTENZIONE
La reintegrazione si attua quando viene sottratto il bene la manutenzione quando il bene non può essere goduto appieno

I MODI DI ACQUISTO DELLA PROPRIETÀ

A TITOLO ORIGINARIO
il bene non aveva proprietario

OCCUPAZIONE presa di possesso di cose mobili che non sono di proprietà di nessuno.
Casi specifici: occupazione delle cose altrui (non citata nel cc) è libera se non espressamente vietata (es. raccolta dei tartufi nei boschi). -cose smarrite, cose di cui il proprietario ha perduto il possesso senza rinunciare alla proprietà
INVENZIONE riguarda le cose smarrite, che se non denunciate entro un anno, diventano di proprietà del ritrovatore.
ACCESSIONE a favore del proprietario del suolo e fatte salve le eccezioni di legge, ove sopra o sotto lo stesso sorgano altre opere
SPECIFICAZIONE a seguito della trasformazione della materia in cosa nuova che acquista quindi un valore notevolmente maggiore
UNIONE O COMMISTIONE quando due cose mobili si uniscono per formare una cosa composta che conserva la propria identità pur rendendoli inseparabili (unione) ovvero la perda completamente (commistione)
USUCAPIONE possesso continuo e ininterrotto per venti anni della cosa
PER EFFETTO DI CONTRATTI (art. 1376 c.c.),
PER SUCCESSIONE A CAUSA DI MORTE (art. 456 c.c.)
... e negli **altri modi stabiliti dalla legge.**

A TITOLO DERIVATIVO
si acquista da altro proprietario

contratti traslativi di proprietà vd. compravendita
trasferimenti coattivi vd. espropriazione
permuta contratto che ha per oggetto il reciproco trasferimento della proprietà di cose o di altri diritti da un contraente all'altro; scambio, baratto.
donazioni (ecc.),
acquisto nella qualità di erede designato e il legato.

LA BUONA FEDE

Il possesso di buona fede dei beni mobili

POSSESSO VALE TITOLO

chi acquista in buona fede ne diviene proprietario istantaneamente

Acquisto di beni mobili da non proprietario
Vendita della stessa cosa mobile a più persone ne acquista la
proprietà chi ne ha preso per primo possesso

USUCAPIONE

Acquisto della proprietà a titolo originario mediante il possesso
continuativo nel tempo. È irrilevante la buona o mala fede, occorre
però che il possesso sia goduto alla luce del sole

Beni immobili il periodo di decorrenza è 20 anni le universalità di
mobili;
Usucapione abbreviata dei beni immobili 10 anni se l'acquisto dal
non proprietario è in buona fede
Beni mobili registrati 10 anni.

I DIRITTI REALI SU COSA ALTRUI

Sono i diritti diversi da quelli di proprietà

Diritti reali di godimento

SUPERFICIE
USUFRUTTO
USO
ABITAZIONE
ENFITEUSI
SERVITÙ

attribuiscono a un soggetto il potere di utilizzare, in modo pieno e immediato, un bene di proprietà di un altro soggetto, il quale vede limitato il proprio diritto di proprietà.

Diritti reali di garanzia

PEGNO
IPOTECA

sono un particolare tipo di diritto reale su cosa altrui, la loro funzione di vincolare un dato bene a garanzia di un dato credito.

Caratteristiche

Tipicità esistono solo quelli esplicitati dal legislatore
Immediatezza il titolare può soddisfare il proprio interesse in maniera diretta e non mediata sul bene (versus diritti di credito in cui bisogna avvalersi della cooperazione del debitore)
Assolutezza valgono erga omnes
Diritto di seguito il diritto è collegato al bene e non al soggetto quindi il titolare potrà perseguirlo nei confronti di qualsiasi soggetto

Diritti reali di godimento

SUPERFICIE	consiste nell'edificare e nel mantenere una costruzione al di sopra o al di sotto di un fondo di proprietà altrui e di inserirla nella proprietà della costruzione o dell'opera, in base alla legge.	Il bene, l'accensione – che consente al proprietario di rivendicare i beni sopra il proprio terreno	Si intende generalmente a tempo indeterminato.
USUFRUTTO	diritto di un soggetto di godere di un bene di proprietà di un altro soggetto e di raccoglierne i frutti, ma con l'obbligo di rispettarne la destinazione economica.	Legale - ora in disuso era legato alla dote della sposa Voluntario: Testamentario: Per contratto	Dura al massimo la vita dell'usufruttuario. Non si trasmette per successione.
USO	Consente come l'usufrutto di godere di un bene altrui MA limitatamente ai bisogni propri e della propria famiglia.	Si limita ai frutti naturali ma non si estende ai frutti civili	
ABITAZIONE	ha per oggetto una casa e consiste nel diritto di abitarvi solo per i bisogni del titolare del diritto e della sua famiglia.	È simile ma più circoscritto del diritto d'uso sia per il bene che per l'esclusione dal godimento dei frutti (civili o naturali)	In caso di morte si trasferisce al coniuge superstite.
ENFITEUSI	godimento su un fondo di proprietà altrui, generalmente agricolo, secondo il quale, il titolare ha la facoltà di godimento pieno sul fondo stesso, ma per contro deve migliorare il fondo stesso e pagare inoltre al proprietario un canone annuo in denaro o in derrate.	Obbligo di miglioramento del fondo + corresponsione canone. AFFRANCAZIONE: è l'acquisto della proprietà da parte dell'enfiteuta mediante il pagamento da una somma pari a quindici volte il canone annuo (art. 971 C.C.). Il diritto di affrancazione è un diritto potestativo dell'enfiteuta di concedente non può rifiutarsi di prestare il proprio consenso.	
SERVITÙ	peso o limitazione imposto a un fondo (detto servente) per l'utilità di un altro fondo (detto dominante)	Una servitù prediale presuppone l'esistenza di due abitazioni o fondi confinanti e appartenenti a diversi proprietari	Deve esserci una effettiva utilità nella servitù altrimenti non è valido.

22

LA COMUNIONE

Volontaria
Incidentale
Forzosa

Co-titolarità di diritti su un bene, mobile o immobile.
Più persone hanno titolarità su intero bene.

IL CONDOMINIO

I singoli condomini sono proprietari di uno o più immobili e sono condomino alcune parti dell'edificio (scale, spazi aperti comuni, scale,
ascensore, tetto ecc..).
È un caso di COMUNIONE FORZOSA perché le parti condominiali non
sono divisibili.
Ogni condomino contribuisce in proporzione alla sua proprietà (valore) e
in alcuni casi in ragione dell'uso (ascensore e piano del proprio
appartamento)
Scelte si formano in assemblea di condominio.
MULTIPROPRIETÀ lo stesso immobile viene separatamente venduto a più
soggetti che ne fruiscono in modo esclusivo per un periodo limitato di
tempo – esempio uso turistico di un immobile di montagna PROPRIETÀ
TURNARIA.

L'OBBLIGAZIONE

ASPETTI GENERALI

TIPOLOGIE

FONTI

OBBLIGAZIONE CON PLURALITA' DI SOGGETTI

L'ADEMPIMENTO

OBBLIGAZIONI NATURALI

OBBLIGAZIONI PECUNARIE

GLI INTERESSI

INADEMPIMENTO

ESTINSIONE DELL'OBBLIGAZIONE. CAUSE
DIVERSE DALL'ADEMPIMENTO

L'OBBLIGAZIONE

L'obbligazione è un rapporto giuridico in forza del quale un soggetto, detto debitore, è tenuto a una determinata prestazione, suscettibile di valutazione economica, a favore di un altro soggetto, detto creditore.

Mentre i diritti reali riguardano un soggetto in relazione ad un bene, le obbligazioni riguardano i rapporti tra due o più soggetti relativamente ad una prestazione.

Mentre i diritti reali solo assoluti le obbligazioni sono diritti relativi: riguardano solo il debitore e il creditore in relazione all'oggetto della prestazione.

ACQUISTO SOLO A TITOLO DERIVATIVO

CREDITORE

Soggetto attivo
Ha la pretesa ad una prestazione

PRESTAZIONE
È l'oggetto dell'obbligazione

DEBITORE

Soggetto passivo
Deve rendere una prestazione

CARATTERE PATRIMONIALE
Denaro o azione
(fare o non fare, dare)
del debitore al creditore

TIPOLOGIE DI PRESTAZIONI

DARE O CONSEGNARE
bene o pagamento di una somma di denaro

Genera obbligazione di genere: consegna di una cosa determinata solo nel genere (es. una data somma di denaro). –
Obblig. di specie: consegna di una cosa determinata nell'identità (es. quel terreno). Prestazione di

FARE
tenere un comportamento, agire

obbligazione di mezzi quando il debitore è obbligato a svolgere a favore del creditore una determinata attività, senza garantire il risultato
obbligazione di risultato il debitore è obbligato anche a realizzare il risultato ma non è libero nella modalità di esecuzione

NON FARE
Astensione da un comportamento

Ad esempio, non fare concorrenza, non fare affari in una determinata area geografica

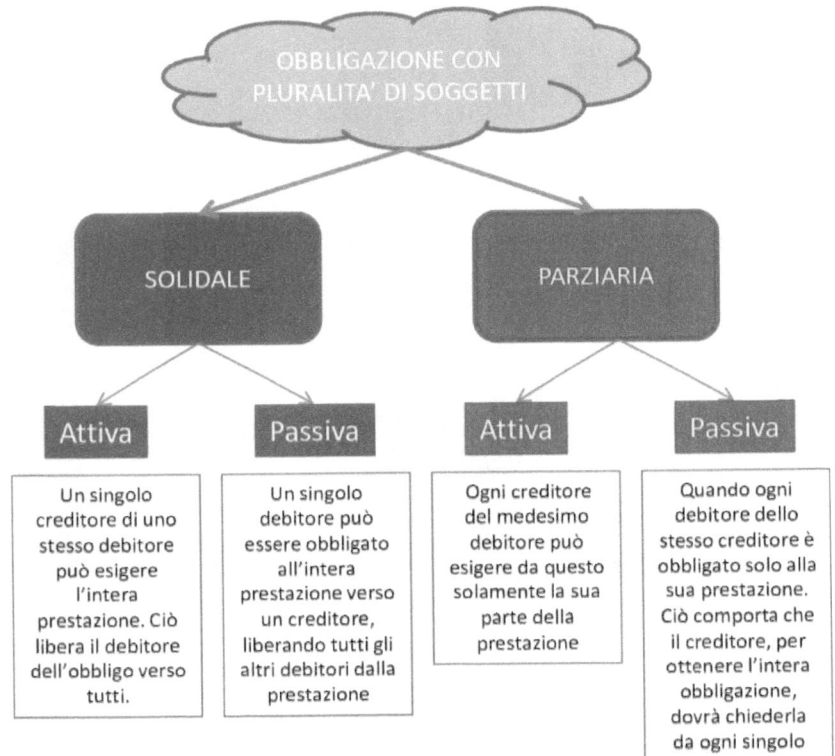

OBBLIGAZIONE CON PLURALITA' DI SOGGETTI

SOLIDALE

- **Attiva**

  Un singolo creditore di uno stesso debitore può esigere l'intera prestazione. Ciò libera il debitore dell'obbligo verso tutti.

- **Passiva**

  Un singolo debitore può essere obbligato all'intera prestazione verso un creditore, liberando tutti gli altri debitori dalla prestazione

PARZIARIA

- **Attiva**

  Ogni creditore del medesimo debitore può esigere da questo solamente la sua parte della prestazione

- **Passiva**

  Quando ogni debitore dello stesso creditore è obbligato solo alla sua prestazione. Ciò comporta che il creditore, per ottenere l'intera obbligazione, dovrà chiederla da ogni singolo debitore

CONTRATTO

FATTO ILLECITO

LE FONTI DELL'OBBLIGAZIONE

ALTRI ATTI E FATTI PREVISTI DALLA LEGGE

A queste tre tipologie si aggiunge anche quella della

VOLONTA' UNILATERALE

Ad esempio: Promessa in pubblico, azione per conto terzi o arricchimento illecito

L'ADEMPIMENTO DELL'OBBLIGAZIONE

Il debitore deve adempire all'obbligazione con la diligenza del buon padre di famiglia

L'adempimento è la via più immediata per estinguere l'obbligazione

È un concetto astratto non definito in modo unico ma implica l'impegno del debitore ad adempire in modo completo e scrupoloso alla prestazione

LA NATURA DELL'ADEMPIMENTO
L'Adempimento è un atto giuridico perché risponde all'assolvimento di un'obbligazione

NON E' UN NEGOZIO GIURIDICO

Agendo con lo spirito del buon padre di famiglia l'obbligazione è assolta anche qualora il risultato finale non dovesse essere quello atteso dal creditore

Modalità

La diligenza del buon padre di famiglia è alla base dell'esecuzione della prestazione, che si ritiene assolta quando è svolta per intero.

Tempo

La prestazione va eseguita a richiesta del creditore o in un periodo o entro un termine definito dalle parti.

Luogo

Quello stabilito dalle parti. In mancanza di definizione:
Consegna di denaro, presso domicilio del creditore
Consegna del bene, dove il bene si trovava al momento dell'accordo
Il resto presso il domicilio del debitore

IDENTITÀ DELLA PRESTAZIONE

La prestazione deve essere esattamente quella promessa
DATUM IN SOLUTUM
il creditore può accettare in vece dalla prestazione concordata una in alternativa

DESTINATARIO DELLA PRESTAZIONE

Di norma può essere il creditore o altro soggetto da questo indicato

ESECUTORE DELLA PRESTAZIONE

Di solito è l'obbligato ma questo può anche effettuarla attraverso la

SURROGAZIONE

ingresso di un terzo che si sostituisce nei diritti del creditore verso un debitore, per effetto del pagamento del debito da parte del terzo stesso. Esempio: l'assicurazione che paga il danno dell'assicurato.

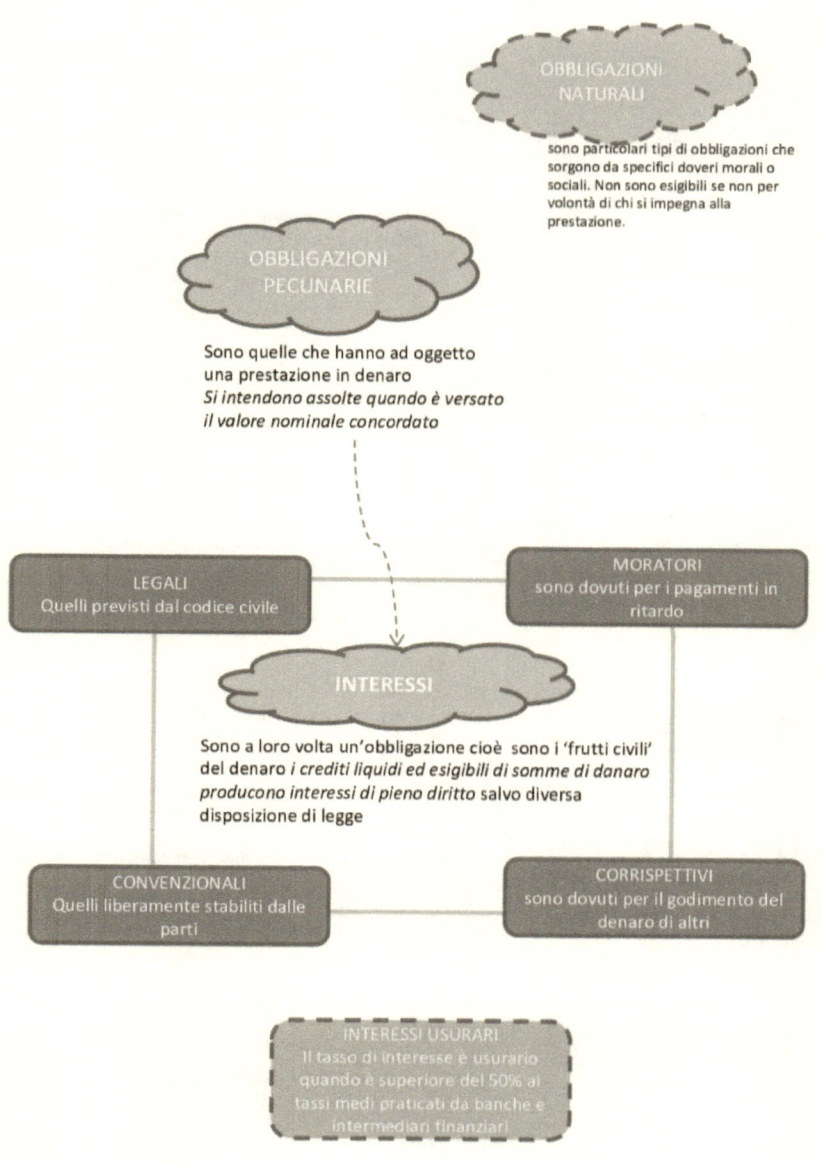

OBBLIGAZIONI NATURALI

sono particolari tipi di obbligazioni che sorgono da specifici doveri morali o sociali. Non sono esigibili se non per volontà di chi si impegna alla prestazione.

OBBLIGAZIONI PECUNARIE

Sono quelle che hanno ad oggetto una prestazione in denaro
Si intendono assolte quando è versato il valore nominale concordato

LEGALI
Quelli previsti dal codice civile

MORATORI
sono dovuti per i pagamenti in ritardo

INTERESSI

Sono a loro volta un'obbligazione cioè sono i 'frutti civili' del denaro *i crediti liquidi ed esigibili di somme di danaro producono interessi di pieno diritto* salvo diversa disposizione di legge

CONVENZIONALI
Quelli liberamente stabiliti dalle parti

CORRISPETTIVI
sono dovuti per il godimento del denaro di altri

INTERESSI USURARI
Il tasso di interesse è usurario quando è superiore del 50% ai tassi medi praticati da banche e intermediari finanziari

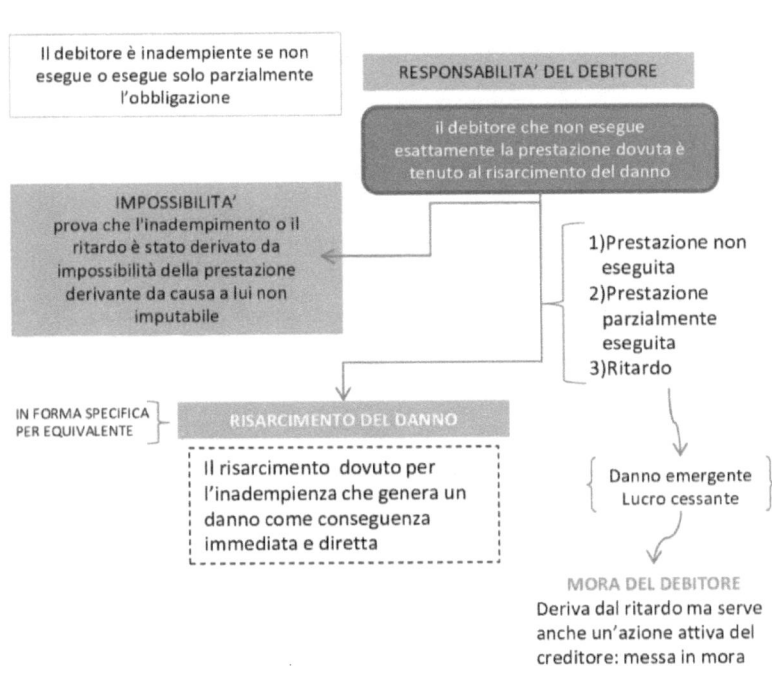

L'INADEMPIMENTO DELL'OBBLIGAZIONE

Il debitore è inadempiente se non esegue o esegue solo parzialmente l'obbligazione

RESPONSABILITA' DEL DEBITORE

il debitore che non esegue esattamente la prestazione dovuta è tenuto al risarcimento del danno

IMPOSSIBILITA'
prova che l'inadempimento o il ritardo è stato derivato da impossibilità della prestazione derivante da causa a lui non imputabile

1) Prestazione non eseguita
2) Prestazione parzialmente eseguita
3) Ritardo

IN FORMA SPECIFICA
PER EQUIVALENTE

RISARCIMENTO DEL DANNO

Il risarcimento dovuto per l'inadempienza che genera un danno come conseguenza immediata e diretta

Danno emergente
Lucro cessante

MORA DEL DEBITORE
Deriva dal ritardo ma serve anche un'azione attiva del creditore: messa in mora

SITUAZIONE OPPOSTA:
MORA DEL CREDITORE
Il creditore non accetta o non consente senza valido motivo la prestazione del debitore:

31

ESTINSIONE DELL'OBBLIGAZIONE. CAUSE DIVERSE DALL'ADEMPIMENTO

MODI SATISFATTORI

Novazione
confusione
Compensazione

MODI NON SATISFATTORI

remissione del debito
impossibilità sopravvenuta delle prestazione

NOVAZIONE
le parti sostituiscono l'obbligazione originaria, che si estingue, con una nuova obbligazione con oggetto o titolo diverso.

REMISSIONE DEL DEBITO
il creditore rinunzia in tutto in parte al suo credito nei confronti del debitore.

CONFUSIONE
si verifica quando in uno stesso soggetto si riuniscono le qualità di debitore e creditore

IMPOSSIBILITA' SOPRAVVENUTA
Quando al prestazione diventa impossibile per motivi non attribuibili al debitore:
Deve essere sopravvenuta, oggettiva e assoluta, definitiva.

COMPENSAZIONE
si verifica quando due soggetti sono obbligatI per debiti e crediti reciproci e li compensano tra loro

IL CONTRATTO

Art. 1321 NOZIONE

Il contratto e' l'accordo di due o più parti per costituire, regolare o estinguere tra loro un rapporto giuridico patrimoniale.

Accordo
Parti
Natura giuridico
patrimoniale

Art. 1322. AUTONOMIA CONTRATTUALE

Le parti possono liberamente determinare il contenuto del contratto nei limiti imposti dalla legge e dalle norme corporative.
Le parti possono anche concludere contratti che non appartengano ai tipi aventi una disciplina particolare, purché siano diretti a realizzare interessi meritevoli di tutela secondo l'ordinamento giuridico.

Libertà delle parti
Limiti
Contratti atipici

Art. 1323. NORME REGOLATRICI DEI CONTRATTI.

Tutti i contratti, ancorché non appartengano ai tipi che hanno una disciplina particolare, sono sottoposti alle norme generali contenute in questo titolo.

Validità del Codice Civile
per tutte le tipologie
contrattuali

ART. 1324. NORME APPLICABILI AGLI ATTI UNILATERALI.

Salvo diverse disposizioni di legge, le norme che regolano i contratti si osservano, in quanto compatibili, per gli atti unilaterali tra vivi aventi contenuto patrimoniale.

Regolazione degli atti
unilaterali

CHE COSA E' UN CONTRATTO?

Il contratto è un ACCORDO
su UN BENE O SU UN DIRITTO REALE

CHI LO PUO' FARE?

Il contratto lo possono fare DUE O PIU'
PARTI

A COSA SERVE?

A far nascere o regolare o eliminare un
RAPPORTO GIURIDICO PATRIMONIALE su
quel bene o diritto

NEGOZIO GIURIDICO E CONTRATTO

IL CONTRATTO E' LA PRINCIPALE
FORMA DI NEGOZIO GIURIDICO

Tutti i contratti sono negozi giuridici ma non tutti i
negozi giuridici sono dei contratti

VOLONTA'

L'ELEMENTO FONDAMENTALE DEL
NEGOZIO (O ATTO NEGOZIALE) E'
LA VOLONTA' DEL SOGGETTO

CONTRATTO

ALTRI ATTI
Es. Matrimonio
successione

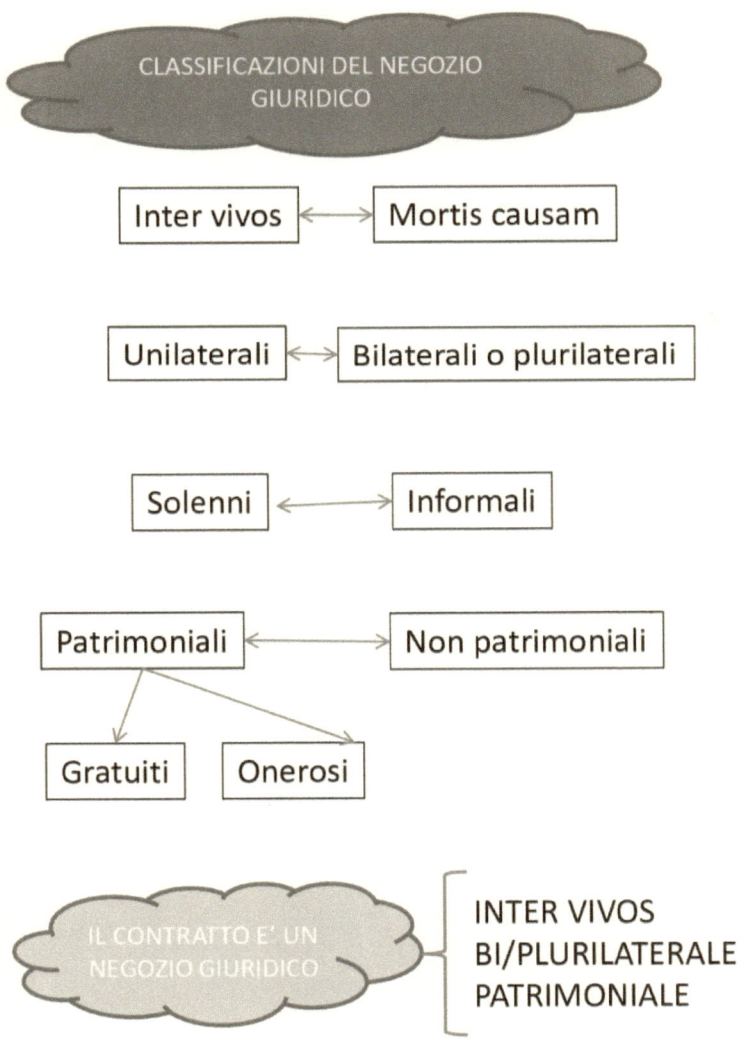

CLASSIFICAZIONI DEL NEGOZIO GIURIDICO

Inter vivos ←→ Mortis causam

Unilaterali ←→ Bilaterali o plurilaterali

Solenni ←→ Informali

Patrimoniali ←→ Non patrimoniali

Gratuiti   Onerosi

IL CONTRATTO E' UN NEGOZIO GIURIDICO

INTER VIVOS
BI/PLURILATERALE
PATRIMONIALE

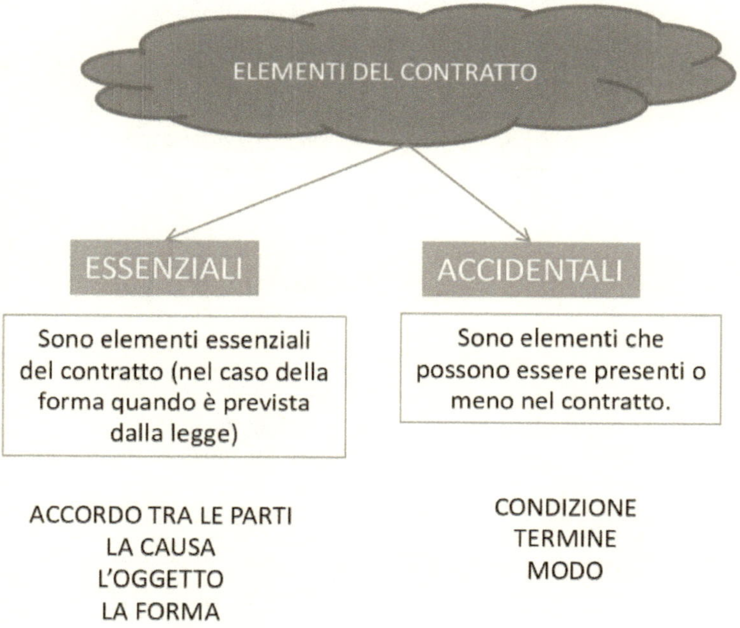

ELEMENTI DEL CONTRATTO

ESSENZIALI

Sono elementi essenziali del contratto (nel caso della forma quando è prevista dalla legge)

ACCORDO TRA LE PARTI
LA CAUSA
L'OGGETTO
LA FORMA

ACCIDENTALI

Sono elementi che possono essere presenti o meno nel contratto.

CONDIZIONE
TERMINE
MODO

Come nel negozio giuridico
IL CONTRATTO HA COME
FONDAMENTO
LA VOLONTA'

"signoria della
volontà"

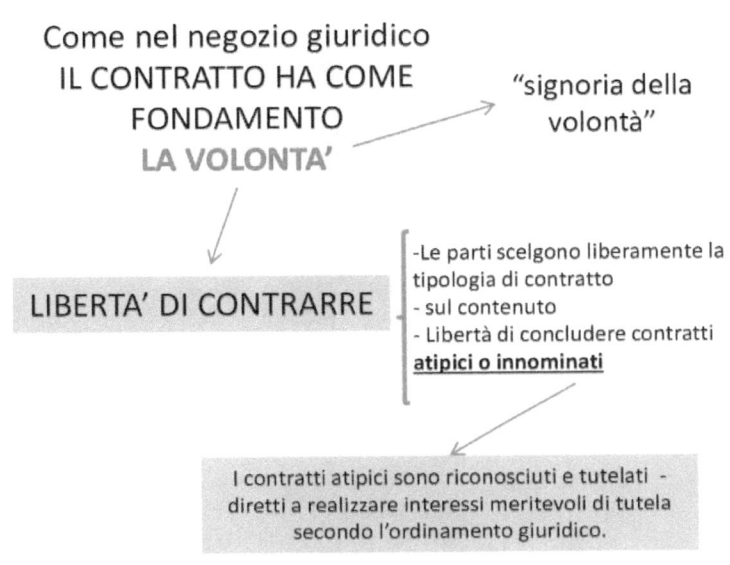

LIBERTA' DI CONTRARRE

-Le parti scelgono liberamente la
tipologia di contratto
- sul contenuto
- Libertà di concludere contratti
atipici o innominati

I contratti atipici sono riconosciuti e tutelati -
diretti a realizzare interessi meritevoli di tutela
secondo l'ordinamento giuridico.

ALTRO FONDAMENTO È
L'ACCORDO TRA LE PARTI

ESPRESSO la volontà è esplicitata per
iscritto/a voce/segno o gesto idoneo
TACITO la volontà si evince dal
comportamento

CONTESTUALE (SIMULTANEO)
O PER FASI SUCCESSIVE

La proposta può rivolgersi a
A una parte determinata
pubblico

Una parte fa una **PROPOSTA CONTRATTUALE**
che le altri parti possono accettare. Il
contratto vale dal momento in cui è nota al
proponente l'accettazione

Limiti all'autonomia contrattuale

Imposti da una parte (ad esempio le 'condizioni generali')
Imposti ad entrambe le parti es. da forza autoritativa pubblica

È la ragione pratica del contratto. Costituisce elemento essenziale del contratto e la dottrina si è a lungo divisa sulla sua interpretazione, perché nel codice civile viene enunciata ma non definita. Oggi prevale l'idea che la causa sia l'insieme delle ragioni economiche e sociali alla base del contratto.

CHE VUOL DIRE?

Vuol dire che la causa è la ragione pratica del contratto ma che la ragione giuridicamente rilevante dello stesso.

CAUSA TIPICA

il contratto è tipico, cioè previsto dalla legge

SE LA CAUSA È ATIPICA ne va ricercata di volta in volta la ragione giuridicamente rilevante e le norme di legge applicate sono comunque quelle del codice civile

---

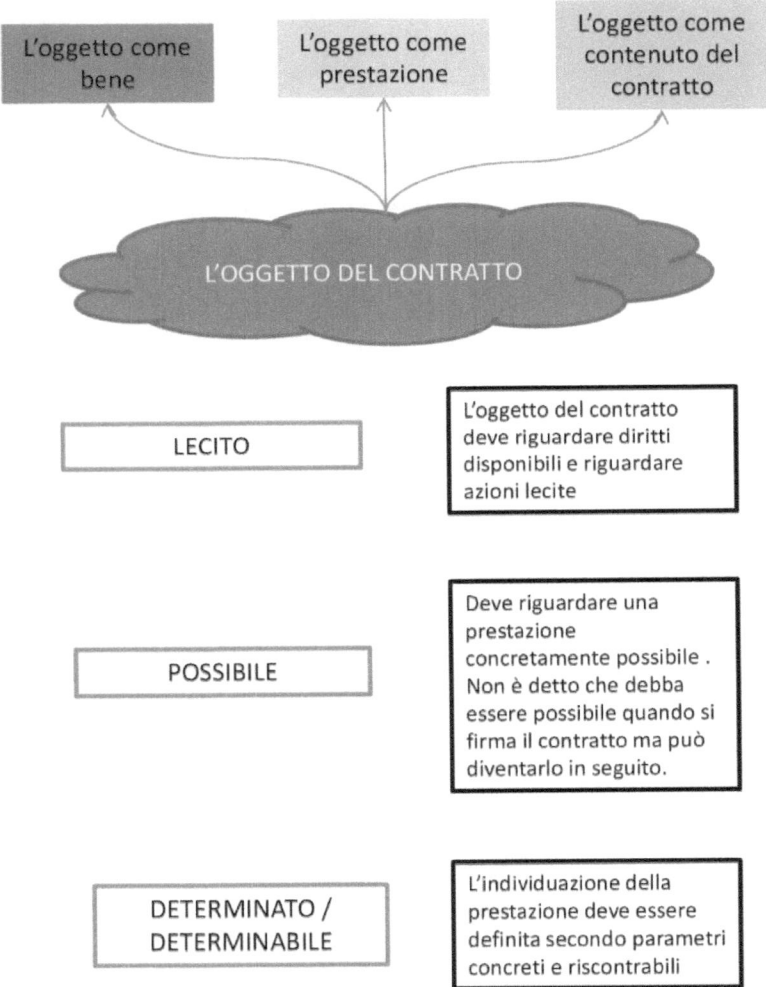

L'oggetto come bene

L'oggetto come prestazione

L'oggetto come contenuto del contratto

L'OGGETTO DEL CONTRATTO

LECITO

L'oggetto del contratto deve riguardare diritti disponibili e riguardare azioni lecite

POSSIBILE

Deve riguardare una prestazione concretamente possibile . Non è detto che debba essere possibile quando si firma il contratto ma può diventarlo in seguito.

DETERMINATO / DETERMINABILE

L'individuazione della prestazione deve essere definita secondo parametri concreti e riscontrabili

LA FORMA DEL CONTRATTO

In generale vale il principio della **libertà della forma**, sia scritta che verbale, ma la legge può richiedere una

FORMA VINCOLATA
per la validità di contratti (ad esempio:
-Compravendita immobiliare)

ATTI PRIVATI
La scrittura del contratto avviene attraverso un accordo scritto tra privati

ATTI PUBBLICI
Il contratto viene stipulato davantiad un pubblico ufficiale

N.B. La forma scritta è quella che la legge chiede per la prova dell'accordo tra le parti

TRASCRIZIONE CONTRATTI

Preliminare (ad esempio per immobile) è un accordo per un futuro contratto
Deve avere la stessa forma del contratto finale.

GLI ELEMENTI ACCIDENTALI DEL CONTRATTO

Sono elementi a cui le parti liberamente decidono di attribuire rilevanza per la validità/esecuzione del contratto.

ELEMENTI ACCIDENTALI VS ESSENZIALI
Gli elementi essenziali del contratto sono previsti dalla legge mentre quelli accidentali sono definiti dalle parti. Quando sono inseriti hanno però ugualmente valore sulla validità del contratto specifico.

1
CONDIZIONE: è un fatto futuro ed incerto al cui verificarsi è subordinato il contratto

SOSPENSIVA
Definisce l'inizio del contratto

RISOLUTIVA
Definisce la cessazione

2
TERMINE
è un evento futuro e certo da cui dipendono gli effetti del contratto

TERMINE INIZIALE
dies a quo - da quando iniziano gli effetti del contratto

TERMINE FINALE
dies ad quem - fino a quando il contratto produrrà effetti

3
MODO o onere
è un peso o onere legato alla prestazione

Riguarda contratti e negozi a titolo gratuito

Validità del contratto

Nullità | **Annullabilità**

CASI

| VIOLAZIONE DI UNA NORMA IMPERATIVA |
| MANCA DI UN ELEMENTO ESSENZIALE (CAUSA OGGETTO FORMA) |
| È ILLECITO |
| ALTRI CASI ESPRESSAMENTE PREVISTI |

E' imprescrittibile
Può essere fatta valere da chiunque

PRINCIPIO CONSERVAZIONE DEL CONTRATTO
Per salvaguardare il contratto, è possibile annullarne singole parti e/o sostituirle in modo da renderlo valido **sostituzione ex lege**

IL NEGOZIO NULLO NON PRODUCE EFFETTI
eccezioni: donazioni e successioni

CASI

| INCAPACITÀ |
| ERRORE |
| VIOLENZA |
| DOLO |

Prescrizione 5 anni
Sanabile
<u>relativa</u>

Cioè può essere fatta valere (generalmente) solo da interessati

Con l'annullamento del contratto gli effetti prodotti possono comunque essere fatti valere. Ad esempio: retribuzione di un lavoro

**FOCUS
Le cause di
annullabilità**

INCAPACITÀ
minorenni o interdetti

ERRORE su aspetti essenziali del
contratto. Ad esempio una
interpretazione sbagliata della
natura contratto (affitto invece di
vendita) o quella quantificazione
di una prestazione

VIOLENZA intesa anche come
condizionamento morale incluse le
minacce

DOLO una parte mette in campo
comportamenti tesi ad indurre in
errore di valutazione l'altra (o e
altre) parte.

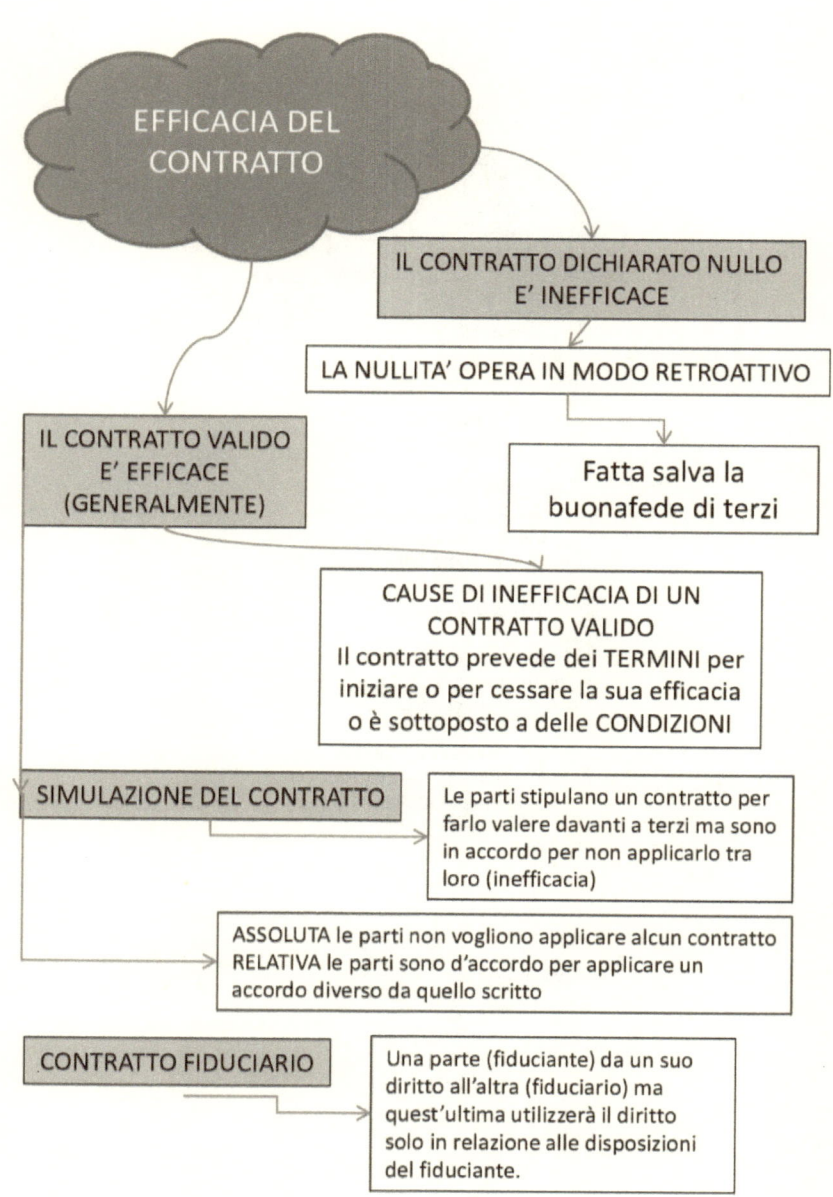

EFFICACIA DEL CONTRATTO

IL CONTRATTO DICHIARATO NULLO E' INEFFICACE

LA NULLITA' OPERA IN MODO RETROATTIVO

IL CONTRATTO VALIDO E' EFFICACE (GENERALMENTE)

Fatta salva la buonafede di terzi

CAUSE DI INEFFICACIA DI UN CONTRATTO VALIDO
Il contratto prevede dei TERMINI per iniziare o per cessare la sua efficacia o è sottoposto a delle CONDIZIONI

SIMULAZIONE DEL CONTRATTO

Le parti stipulano un contratto per farlo valere davanti a terzi ma sono in accordo per non applicarlo tra loro (inefficacia)

ASSOLUTA le parti non vogliono applicare alcun contratto RELATIVA le parti sono d'accordo per applicare un accordo diverso da quello scritto

CONTRATTO FIDUCIARIO

Una parte (fiduciante) da un suo diritto all'altra (fiduciario) ma quest'ultima utilizzerà il diritto solo in relazione alle disposizioni del fiduciante.

LA RAPPRESENTANZA

RAPPRESENTANTE — Si sostituisce al — RAPPRESENTATO

Effetti sulla sfera dei diritti

Il rappresentante ha il POTERE di sostituirsi al rappresentato nel compimento di un'attività giuridica che ha effetti sui diritti del rappresentato

LEGALE
Prevista dalla legge
(minori interdetti)

VOLONTARIA
Atto unilaterale
PROCURA
con cui
Una parte da il potere di rappresentanza ad un'altra

GENERALE, vale sempre
SPECIALE, solo per un affare

Spendita del nome

Il rappresentante non deve solo chiudere accordi sui diritti ma deve esplicitare nel contratto il nome del rappresentato

FALSO RAPPRESENTANTE
Agisce senza averne potere
In tutto o in parte

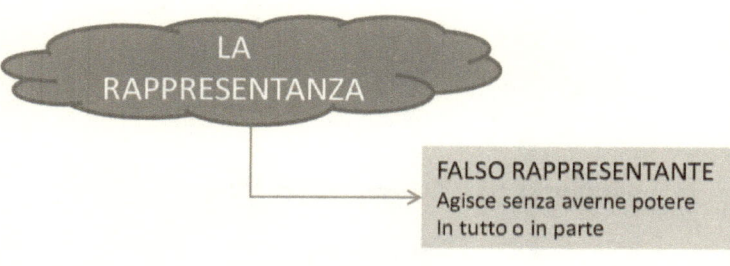

LA RAPPRESENTANZA

FALSO RAPPRESENTANTE
Agisce senza averne potere
In tutto o in parte

CONTRATTO DI MANDATO

Il mandatario riceve dal mandante il potere di compiere in nome proprio ma in conto del mandatario (terzo atti giuridici attraverso il contratto di mandato

CON RAPPRESENTANZA

SENZA RAPPRESENTANZA

Rientra nella rappresentanza
Il mandatariao agisce in nome e per conto del mandante

I terzi con cui il mandatario ha rapporti non hanno rapporti con il mandante ma quest'ultimo può sostituirsi nel rapporto

EFFETTI REALI
Producono o trasferiscono diritti reali

EFFETTI OBBLIGATORI
Producono solo obbligazioni per le parti

PRINCIPIO CONSENSUALISTICO
il contratto produce effetto dal momento in cui si forma il consenso

Il contratto ha forza di legge tra le parti

TRA LE PARTI

Si può sciogliere per

LEGGE
MUTUO CONSENSO
RECESSO UNILATERALE (SE E COME PREVISTO DAL CONTRATTO STESSO)

GLI EFFETTI DEL CONTRATTO

RISPETTO A TERZI

In generale il contratto non ha effetti rispetto a terzi ma solo rispetto alle parti

A FAVORE DI TERZI
una delle parti può però stipulare un contratto in cui si designa un terzo come beneficiario delle prestazioni dell'altra parte.

PROMESSA DEL FATTO DEL TERZO
Se in un accordo una parte prevede che un terzo adempia ad una prestazione si assume la responsabilità rispetto all'altro contraente dell'opera del terzo che in quanto estraneo all'accordo rimane non vincolato al contratto.

Le parti scelgono di comune accordo di non dare seguito al contratto	**AZIONE DI RISOLUZIONE RISOLUZIONE DI DIRITTO** (include le clausole contrattuali)
VOLONTARIA	**LEGALE**

RISOLUZIONE DEL CONTRATTO

1) Con la risoluzione si scioglie il vincolo sancito nel contratto.
2) Non impatta sul negozio ma sul RAPPORTO CONTRATTUALE.
3) Per questo si può far valere solo PRIMA che il contratto sia pienamente eseguito.

INADEMPIMENTO	**IMPOSSIBILITÀ SOPRAVVENUTA**	**ECCESSIVA ONEROSITÀ**
Deve essere sopravvenuta rispetto al momento in cui si è stipulato il contratto		Deve essere sopravvenuta rispetto al momento in cui si è stipulato il contratto

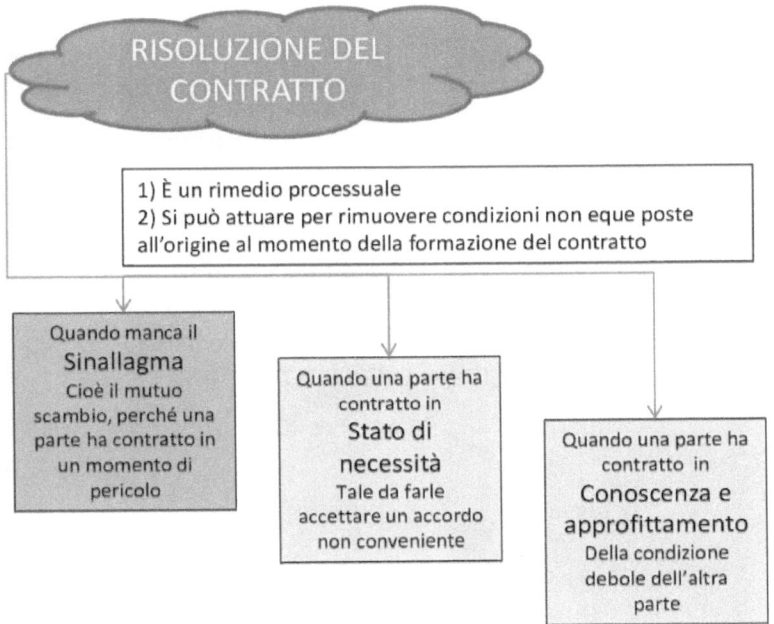

RISOLUZIONE DEL CONTRATTO

1) È un rimedio processuale
2) Si può attuare per rimuovere condizioni non eque poste all'origine al momento della formazione del contratto

Quando manca il
Sinallagma
Cioè il mutuo scambio, perché una parte ha contratto in un momento di pericolo

Quando una parte ha contratto in
Stato di necessità
Tale da farle accettare un accordo non conveniente

Quando una parte ha contratto in
Conoscenza e approfittamento
Della condizione debole dell'altra parte

Si può chiedere se queste situazioni provocano una SPROPORZIONE tra le prestazioni. Ad esempio, se si vende un immobile per necessità ma il prezzo è equo il contratto non può essere risolto.

BUONA FEDE

E'un principio di fondo di tutto l'ordinamento giuridico e presuppone che i soggetti agiscano in modo corretto e genuino

LA BUONAFEDE NEI CONTRATTI

Quello contrattuale è l'ambito più comune di presupposizione della **buona fede**

soggettiva

Si ha b. soggettiva quando un soggetto agisce senza la consapevolezza del danno che può procurare

oggettiva

Si ha b. oggettiva quando i soggetti operano tra loro e verso terzi in modo corretto

Deve valere in tutte le fasi del contratto

nella formazione del contratto

nella esecuzione

nella interpretazione

DANNO INGIUSTO
lesione di diritti assoluti
lesione di diritti di credito
lesione di situazioni di fatto protette dall'ordinamento
(possesso);
lesione di interesse legittimo
turbativa delle trattative precontrattuali

DOLO
Intenzione di causare
danno
COLPA
Comportamento
negligente

I FATTI ILLECITI

Fatti dolosi o colposi che cagionano
un danno ingiusto ad altri

Costituiscono una fonte di
obbligazione

**Risarcimento
del danno**

OBBLIGAZIONE DI DARE	OBBLIGAZIONE DI FARE
(più comune)	(più comune)
Pagamento in denaro	Pagamento in denaro

In genere la responsabilità al risarcimento del danno è in capo al soggetto che lo provoca salvo nei casi di

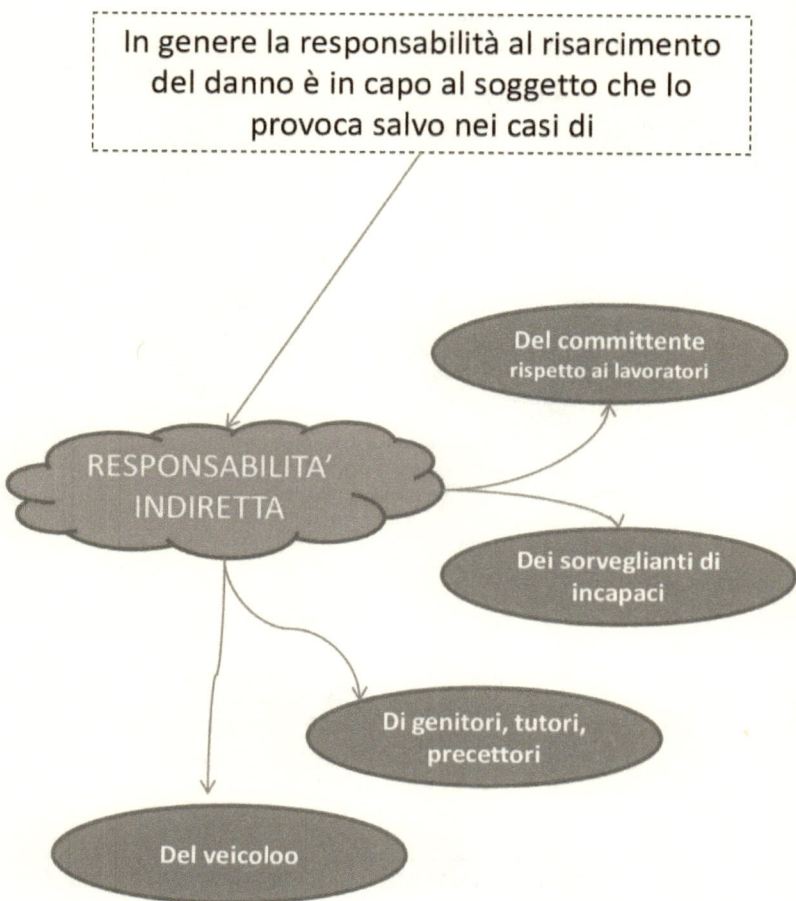

RESPONSABILITA'
INDIRETTA

Del committente
rispetto ai lavoratori

Dei sorveglianti di
incapaci

Di genitori, tutori,
precettori

Del veicoloo

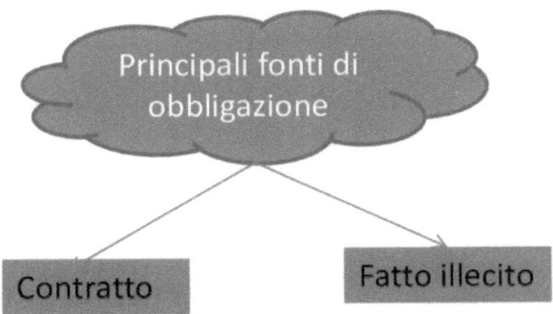

RAPPORTO DEBITORE-CREDITORE

Responsabilità del debitore

A meno che non prova che

È tenuto al risarcimento del danno.

l'inadempimento o il ritardo e' stato determinato da impossibilità della prestazione derivante da causa a lui non imputabile.

il debitore risponde dell'adempimento delle obbligazioni con tutti i suoi beni

Garanzia del creditore

Responsabilità patrimoniale

Vige in tutte le fasi del rapporto:
1. Costitutiva (es. le garanzie per un mutuo)
2. Nell'adempimento (es. mancato pagamento di rate)
3. Nella fase risolutiva (es. obbligazione non assolta)

GENERICA
il patrimonio del debitore è utilizzato per recupero del valore in denaro della mancata obbligazione

SPECIFICA
Consegna coattiva del bene (es. immobile) oggetto dell'obbligazione

PEGNO
riguarda i beni mobili, le universalità di mobili o i crediti e altri diritti aventi per oggetto beni mobili.
Il pegno si perfeziona con lo spossessamento del bene del debitore

IPOTECA
riguarda beni immobili o beni mobili registrati, si costituisce con un'iscrizione nei pubblici registri, ma non sottrae il bene al godimento del debitore

REALI

Vincolo che il creditore pone su uno o più beni del debitore a garanzia della prestazione, costituisce una prelazione opponibile anche a terzi

GARANZIE

PERSONALI

È la garanzia offerta da un soggetto che si impegna 'personalmente' a tutela del credito altrui e a garanzia del debito.

FIDEIUSSIONE
Contratto attraverso cui un terzo si obbliga personalmente con il creditore garantendo l'adempimento dell'obbligazione da parte del debitore.
Il fideiussore è colui che garantisce il credito.

Contratto

Fideiussore
(es. Banca, Assicurazione)

Promessa unilaterale

DEBITORE

obbligazione

CREDITORE

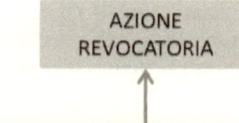

| AZIONE REVOCATORIA | E' una tutela davanti al giudice per la conservazione della garanzia patrimoniale attuata dal creditore per far revocare gli atti che il debitore compie sulle garanzie e che gli possono revocare pregiudizio. |

I MEZZI DI CONSERVAZIONE DELLA GARANZIA PATRIMONIALE

| AZIONE SURROGATORIA | Prevedere la possibilità del creditore di sostituirsi al debitore per curare e preservare il valore del patrimonio dato in garanzia (es. il debitore non cura il terreno dato in garanzia che così perde valore). L'azione va **A BENEFICIO DI TUTTI I CREDITORI** non solo di chi la attua |

CONCORSO DEI CREDITORI

Una medesima persona può avere più creditori e il suo patrimonio può costituire la garanzia patrimoniale di una pluralità di crediti-

parità di trattamento dei creditori

Salvo il
DIRITTO DI PRELAZIONE
quel diritto in capo ad un medesimo soggetto ad essere preferito, rispetto ad un altro a parità di condizioni, nella costituzione di un negozio giuridico.

SEQUESTRO CONSERVATIVO

Altre opzioni in capo a creditore

DECADENZA DAL BENEFICIO DEL TERMINE

PEGNO GIORDANO

Circolazione dei crediti

 **Cessione del credito**

Il creditore cede il credito ad un terzo (cessionario).
Può avvenire senza il consenso del debitore.
Il debitore estingue il credito pagando o il creditore o il cessionario.
La cessione può essere gratuita o onerosa.

 **Delegazione**

Se il debitore per eseguire il pagamento ha delegato un terzo, questi può obbligarsi verso il creditore, salvo che il debitore l'abbia vietato.

 **Accollo**

Si ha accollo quando il debitore e un terzo convengono che questi assuma il debito dell'altro. Il creditore può aderire all'accollo o rimanere esterno ad esso.

 **Espromissione**

Si ha espromissione quando un soggetto (espromittente) si assume il debito di un altro soggetto nei confronti del creditore (espromissario)

Circolazione dei crediti

Cessione del contratto

cedente, è colui che cede il contratto
cessionario, è la nuova parte contrattuale che sostituisce il cedente
ceduto è il contraente originario che non muta la sua posizione

Con la cessione del contratto si sostituisce un altro soggetto (detto cessionario) ad uno dei contraenti in tutta la situazione giuridica derivante dal contratto stesso.

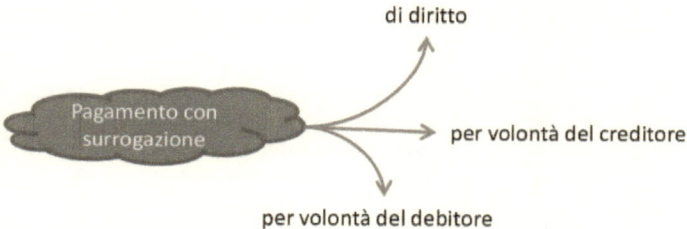

di diritto

Pagamento con surrogazione

per volontà del creditore

per volontà del debitore

Nel pagamento con surrogazione un soggetto terzo si sostituisce al debitore nell'adempimento dell'obbligazione. In particolare, la surrogazione può avvenire di diritto, per volontà del creditore ovvero per volontà del debitore.

CONTRATTI PER LA CIRCOLAZIONE DEI BENI

PERMUTA

ha per oggetto il reciproco trasferimento della proprietà di cose, o di altri diritti, da un contraente all'altro.

⬌

VENDITA

"la vendita è un contratto che ha per oggetto il trasferimento della proprietà di una cosa o il trasferimento di un altro diritto verso il corrispettivo di un prezzo"

COSA CONTRO COSA (baratto) contratto oneroso entrambe le parti hanno un vantaggio.

contratto oneroso entrambe le parti hanno un vantaggio. Cosa contro denaro

Contratto consensuale a prestazioni corrispettive (sinallagma)

CONTRATTO ESTIMATORIO

Il contratto estimatorio è il contratto con cui una parte (tradens) consegna una o più cose mobili ad un'altra (cosiddetta accipiens), la quale è obbligata a pagarne il prezzo a meno che restituisca le cose entro un certo termine.

CONTRATTI AFFINI ALLA VENDITA

{
SOMMINISTRAZIONE
CONCESSIONE DI VENDITA
FRANCHISING
FACTORING
ASSEGNAZIONE DI ALLOGGI

CONTRATTI PER IL GODIMENTO DI BENI

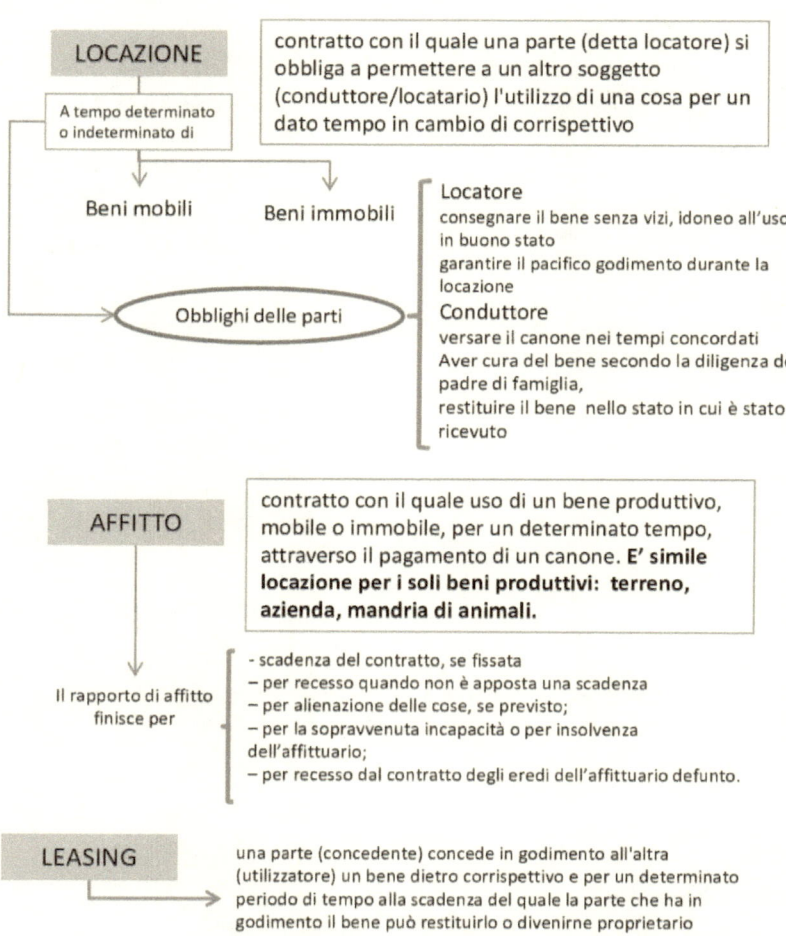

LOCAZIONE

A tempo determinato o indeterminato di

contratto con il quale una parte (detta locatore) si obbliga a permettere a un altro soggetto (conduttore/locatario) l'utilizzo di una cosa per un dato tempo in cambio di corrispettivo

Beni mobili   Beni immobili

Obblighi delle parti

Locatore
consegnare il bene senza vizi, idoneo all'uso e in buono stato
garantire il pacifico godimento durante la locazione
Conduttore
versare il canone nei tempi concordati
Aver cura del bene secondo la diligenza del padre di famiglia,
restituire il bene nello stato in cui è stato ricevuto

AFFITTO

contratto con il quale uso di un bene produttivo, mobile o immobile, per un determinato tempo, attraverso il pagamento di un canone. E' **simile locazione per i soli beni produttivi: terreno, azienda, mandria di animali.**

Il rapporto di affitto finisce per

- scadenza del contratto, se fissata
– per recesso quando non è apposta una scadenza
– per alienazione delle cose, se previsto;
– per la sopravvenuta incapacità o per insolvenza dell'affittuario;
– per recesso dal contratto degli eredi dell'affittuario defunto.

LEASING

una parte (concedente) concede in godimento all'altra (utilizzatore) un bene dietro corrispettivo e per un determinato periodo di tempo alla scadenza del quale la parte che ha in godimento il bene può restituirlo o divenirne proprietario pagando la differenza tra quanto già versato e il valore del bene

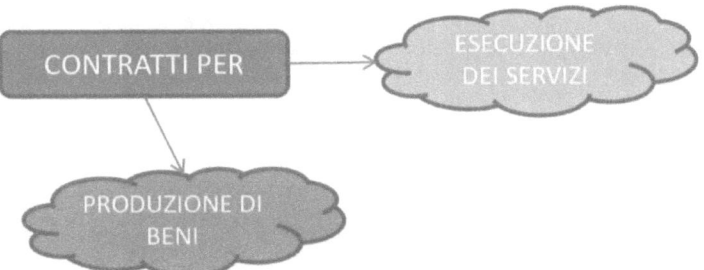

CONTRATTI PER

ESECUZIONE DEI SERVIZI

PRODUZIONE DI BENI

APPALTO
OBBLIGO DI RISULTATO una parte (appaltatore) con l'organizzazione di mezzi necessari e con una gestione a proprio rischio, assume su incarico dell'altra parte (appaltante o committente) il compimento di un'opera o di un servizio dietro corrispettivo in denaro.

CONTRATTO D'OPERA
Una parte s'obbliga a compiere, contro corrispettivo, un'opera o un servizio, con lavoro prevalentemente proprio e senza vincolo di subordinazione nei confronti del committente

TRASPORTO
Il VETTORE (parte)si impegna dietro corrispettivo a trasferire persone o cose.

Caso particolare
Pubblici servizi di linea

RESPONSABILITÀ DEL VETTORE NEL TRASPORTO DI PERSONE E COSE
Trasporto di cose. Il mittente (parte che si avvale del vettore) Il mittente deve indicare con esattezza al vettore il nome del destinatario e il luogo di destinazione, la natura, il peso, la quantità e il numero delle cose da trasportare e gli altri estremi necessari per eseguire il trasporto.

CONTRATTI PER LA PROMOZIONE O COMPIMENTO DEGLI AFFARI

PROMOZIONE → mandato

Spedizione

Commissione

Con rappresentanza
Senza rappresentanza

COMPIMENTO → Mediazione

Contratto d'agenzia

Il contratto di prestito

COMODATO → il comodante consegna al comodatario un bene affinché se ne serva per uno scopo determinato

Sono entrambi Contratti reali

Comodario: obbligo di riconsegna del bene

MUTUO → una parte MUTUANTE consegna all'altra MUTUATARIO una determinata quantità di danaro o di altre cose fungibili, e l'altra si obbliga a restituire altrettante cose della stessa specie e qualità.

La restituzione può essere nel tempo, a rate, con interessi.

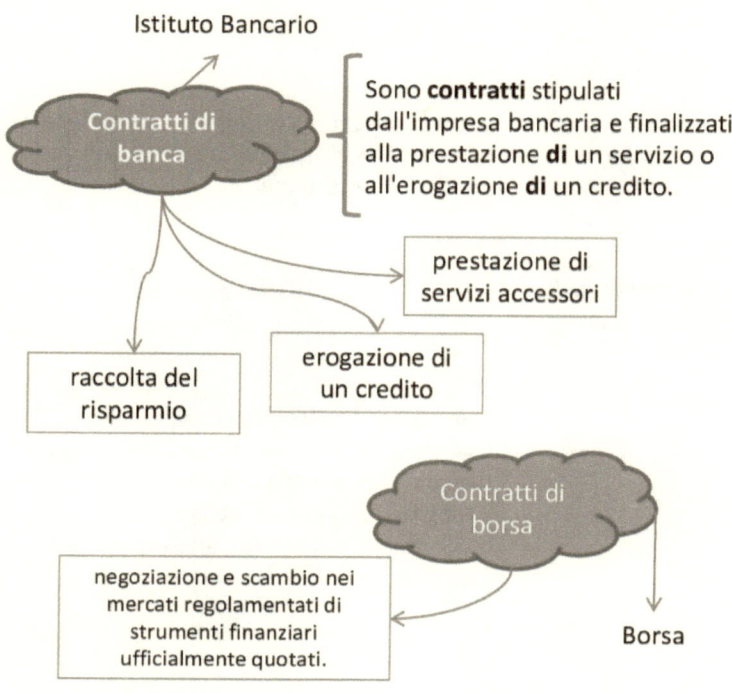

Istituto Bancario

Contratti di banca

Sono **contratti** stipulati dall'impresa bancaria e finalizzati alla prestazione **di** un servizio o all'erogazione **di** un credito.

prestazione di servizi accessori

erogazione di un credito

raccolta del risparmio

Contratti di borsa

negoziazione e scambio nei mercati regolamentati di strumenti finanziari ufficialmente quotati.

Borsa

Obbligatoria in alcuni casi
(es. automobile)

I CONTRATTI NELLE LITI

Contratto consensuale a titolo oneroso con il quale le parti, facendosi reciproche concessioni, pongono fine ad una lite, cioè ad una controversia giudiziale, già insorta fra loro o prevengono una lite che potrebbe insorgere. Le reciproche concessioni sono rinunce parziali alla propria pretesa o contestazione. Deve essere provato x iscritto.

1) Transazione, contratto col quale le parti pongono fine a una lite già insorta, o prevengono una lite che può sorgere tra di loro, facendosi concessioni reciproche. La funzione del contratto è quella di comporre le controversie. Elemento essenziale del contratto è la reciprocità dei sacrifici. Non sono oggetto della transazione i diritti indisponibili.

2) Il negozio di accertamento, cioè negozi che hanno la funzione di precisare qual è l'assetto dei rapporti esistenti tra le parti. Il negozio ha la funzione di accertare con effetto vincolante le parti quale sia lo stato dei loro rapporti.

3) La cessione dei beni ai creditori, è il contratto col quale un debitore incarica i creditori di liquidare i suoi beni e ripartire tra loro il ricavato a soddisfazione del loro crediti.

4) Il compromesso, è il contratto col quale le parti si accordano per far decidere da arbitri una controversia insorta tra di loro. L'arbitro emetterà la sua decisione con il lodo arbitrale che acquista efficacia di sentenza.

LE ASSOCIAZIONI

L'associazione si colloca nell'ambito dei contratti:
CONTRATTO DI ASSOCIAZIONE

ART. 1332
Se ad un contratto possono aderire altre parti [1] e non sono determinate le modalità dell'adesione, questa deve essere diretta all'organo che sia stato costituito per l'attuazione del contratto o, in mancanza di esso, a tutti i contraenti originari

caratteristiche

contratto plurilaterale con comunione di scopo

contratto di organizzazione

Struttura aperta

attività e prestazioni aderenti sono pianificate da appositi organi

RICONOSCIUTE
-Soggetto di diritto
- patrimonio dell'associazione con cui rispondere alle
-- Possono acquistare beni
- È sottoposta a controlli pubblici
- Sono registrate in apposito registro delle persone giuridiche

NON RICONOSCIUTE
Soggetto di diritto
– fondo comune ma rispondono anche le persone che l'hanno rappresentata
- Non hanno registro né controllo pubblico

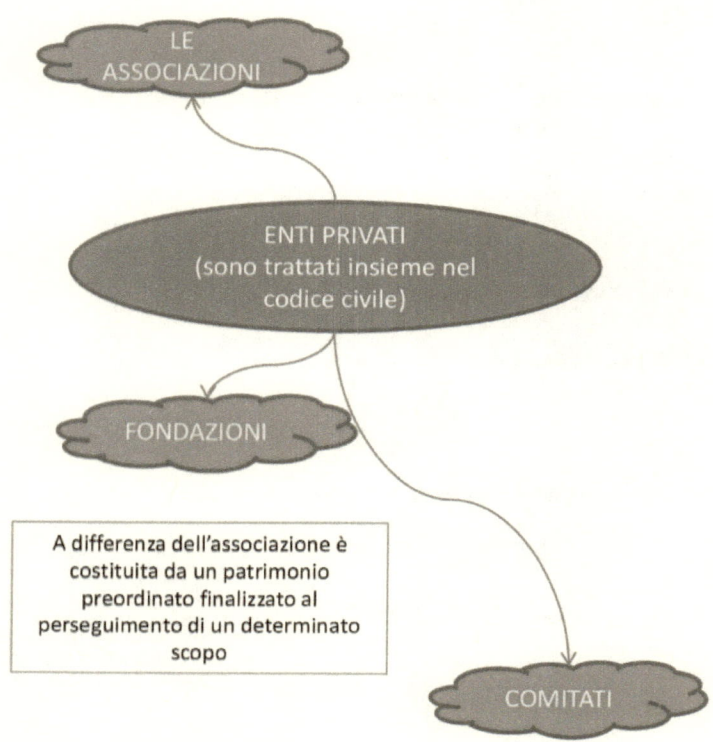

LE ASSOCIAZIONI

ENTI PRIVATI
(sono trattati insieme nel codice civile)

FONDAZIONI

COMITATI

A differenza dell'associazione è costituita da un patrimonio preordinato finalizzato al perseguimento di un determinato scopo

l'attività di un comitato non è rivolta verso i soci ma è rivolta alla raccolta di fondi per il conseguimento di un determinato scopo

LE SOCIETA'

Con il contratto di società due o più persone conferiscono beni o servizi per l'esercizio in comune di un'attività economica allo scopo di dividerne gli utili.

i beni conferiti dai soci si trasformano in
PATRIMONIO DELLA SOCIETÀ
Configura una COMUNIONE in cui i beni
si possono godere solo collettivamente e
per l'attività economica.

CASO PARTICOLARE

LE SOCIETA' COOPERATIVE
una società cooperativa è una società costituita per gestire in comune un'impresa che si prefigge lo scopo di fornire innanzitutto agli stessi soci, attraverso lo scopo mutualistico, quei beni o servizi per il conseguimento dei quali la cooperativa è sorta.

CLASSIFICAZIONE

SOCIETÀ DI PERSONE
Società Semplice S.S.
Società in Nome Collettivo S.N.C.
Società in Accomandita Semplice
S.A.S.

SOCIETÀ DI CAPITALI
Società a Responsabilità Limitata S.R.L.
Società Per Azioni S.P.A.
Società in Accomandita Per Azioni S.A.P.A.
Società cooperative

Il fallimento

è una procedura concorsuale liquidatoria, finalizzata alla soddisfazione dei creditori mediante la liquidazione del patrimonio dell'imprenditore, a cui si può ricorrere in presenza di determinati requisiti.

Concordato fallimentare

Il fallito avanza proposta per liquidare per intero creditori privilegiati e parzialmente quelli chirografari.

Viene valutato dal tribunale.

Concordato preventivo

viene avanzato dall'imprenditore insolvente x scongiurare la dichiarazione di fallimento. Questa prevede: pagamento dei creditori privilegiati, pagamento del 40% di quelli chirografari; oppure cessione di tutti i suoi beni ai creditori.

Il fallimento

Si svolge per
FASI

1. la conservazione e l'amministrazione del patrimonio del fallito
2. l'accertamento del passivo
3. l'accertamento dell'attivo
4. la liquidazione dell'attivo
5. il riparto dell'attivo
6. la chiusura del fallimento

CURATORE FALLIMENTARE provvede all'amministrazione del patrimonio fallimentare e compie tutte le operazioni della procedura fallimentare sotto la vigilanza del giudice delegato e del comitato dei creditori.

IL COMITATO DEI CREDITORI è nominato dal giudice delegato entro trenta giorni dalla sentenza di fallimento, sulla base delle risultanze documentali, sentiti il curatore e i creditori stessi.

LA FAMIGLIA

La parentela e l'affinità
Il matrimonio
la responsabilità genitoriale
diritti e doveri che nascono dal matrimonio
la separazione dei coniugi
lo scioglimento del matrimonio
Il regime patrimoniale della famiglia
Le unioni civili e la convivenza di fatto

Parentela

indica il vincolo tra le persone che
discendono dallo stesso **stipite**

La persona da
cui ha origine
una famiglia o
un ramo di
una famiglia
(capostipite)

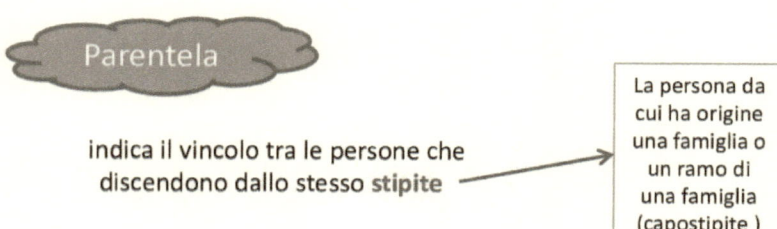

Linea diretta
nella linea retta si contano
altrettanti gradi quante sono le
generazioni, escluso lo stipite

Nonna/nonno

1 grado

Madre/padre

1 grado

Nipote

Esempio
Nonno nipote
2 gradi

Collaterale
gradi si computano dalle
generazioni, salendo da uno dei
parenti fino allo stipite comune e
da questo discendendo all'atro
parente

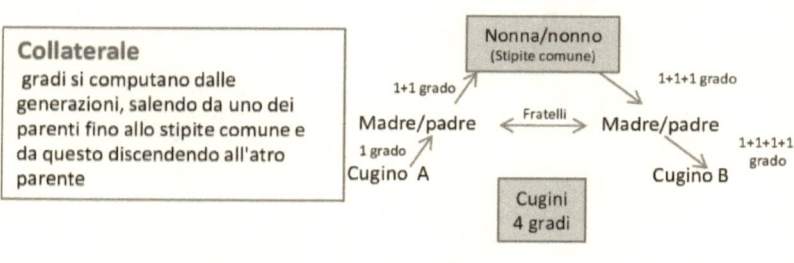

Nonna/nonno
(Stipite comune)

1+1 grado   1+1+1 grado

Madre/padre ←Fratelli→ Madre/padre

1 grado   1+1+1+1
grado

Cugino A   Cugino B

Cugini
4 gradi

Affinità
è il vincolo che lega il coniuge con i
parenti dell'atro coniuge

L'affinità trasferisce il grado di
parentela al congiunto
Il legame tra fratelli è di secondo
grado, dunque il legame tra moglie
(cognata) di una persona e il fratello
è un'affinità di secondo grado.

DIRITTO AGLI ALIMENTI
prestazione a carattere patrimoniale effettuata da un
soggetto obbligato all'interno del gruppo familiare, nei
confronti del familiare che versi in stato di bisogno.

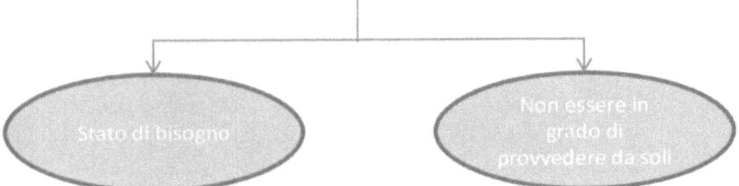

Stato di bisogno

Non essere in grado di provvedere da soli

CHI DEVE PROVVEDERE?
Gli obbligati agli alimenti sono determinati in via decrescente
secondo il grado di parentela.

MISURA - sono dovuti in proporzione del bisogno di chi li domanda
ed in proporzione delle condizioni economiche di chi li somministra
modo - l'obbligato può scegliere se prestarli in denaro, o accogliendo
mantenendo direttamente nella propria casa - "obbligazione
alternativa"
CONCORSO DI PIÙ OBBLIGATI – gli obbligati dello stesso grado,
devono concorrere in proporzione delle proprie condizioni
economiche
CONCORSO DI PIÙ AVENTI DIRITTO -è il caso di un obbligato che
deve provvedere a più persone. Se non è in grado di farlo, si può
stabilire che taluno degli aventi diritto abbia gli alimenti da un
obbligato di grado inferiore
CHI DECIDE? Il giudice con sentenza. La sentenza è però è sempre
revocabile/ modificabile in seguito al variare delle condizioni del
beneficiario

COSTITUZIONE ART. 29
la Repubblica riconosce i diritti della famiglia
come società naturale fondata sul matrimonio

Il matrimonio

è l'atto con il quale due persone si impegnano a realizzare
una comunione di vita spirituale e materiale

**Matrimonio
come atto**

il negozio giuridico con il quale un
uomo e una donna dichiarano con
le dovute formalità di volersi
prendere reciprocamente per
marito e moglie, formando così
una famiglia

**Matrimonio
come rapporto**

effetti di natura sia personale che
patrimoniale, che scaturisce dalla
celebrazione del negozio
matrimoniale

promessa di matrimonio
le condizioni per la celebrazione del matrimonio
le pubblicazioni e la celebrazione del matrimonio

matrimonio civile
matrimonio concordatario (cattolico)

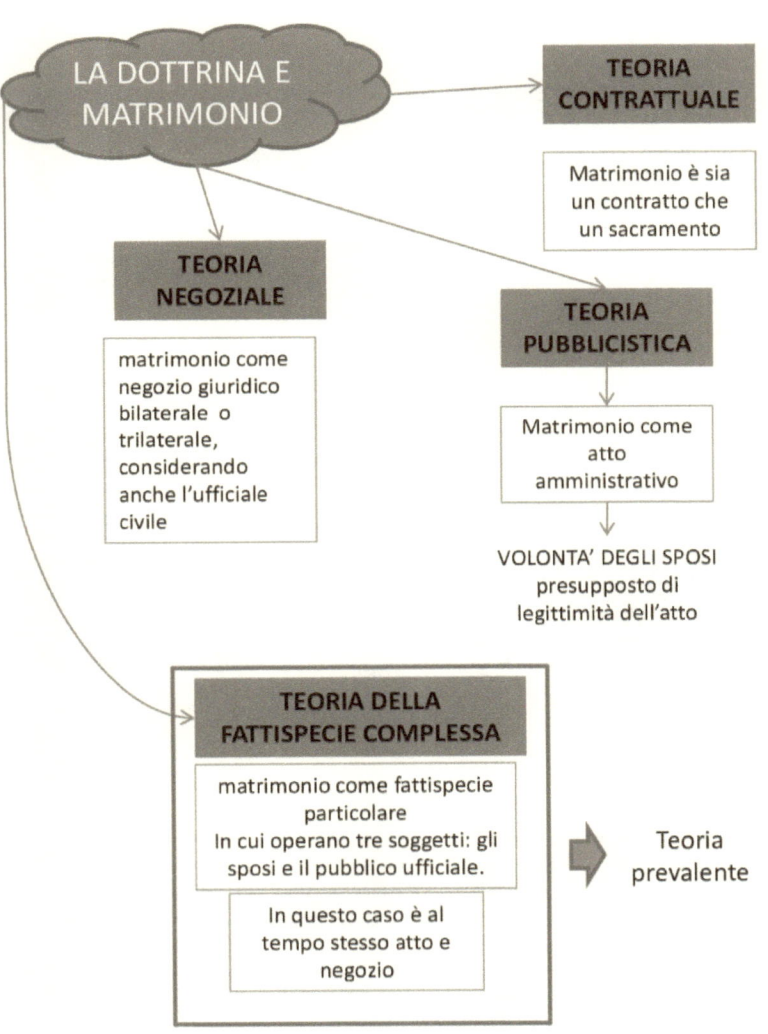

LA DOTTRINA E MATRIMONIO

TEORIA CONTRATTUALE

Matrimonio è sia un contratto che un sacramento

TEORIA NEGOZIALE

matrimonio come negozio giuridico bilaterale o trilaterale, considerando anche l'ufficiale civile

TEORIA PUBBLICISTICA

Matrimonio come atto amministrativo

VOLONTA' DEGLI SPOSI presupposto di legittimità dell'atto

TEORIA DELLA FATTISPECIE COMPLESSA

matrimonio come fattispecie particolare
In cui operano tre soggetti: gli sposi e il pubblico ufficiale.

In questo caso è al tempo stesso atto e negozio

Teoria prevalente

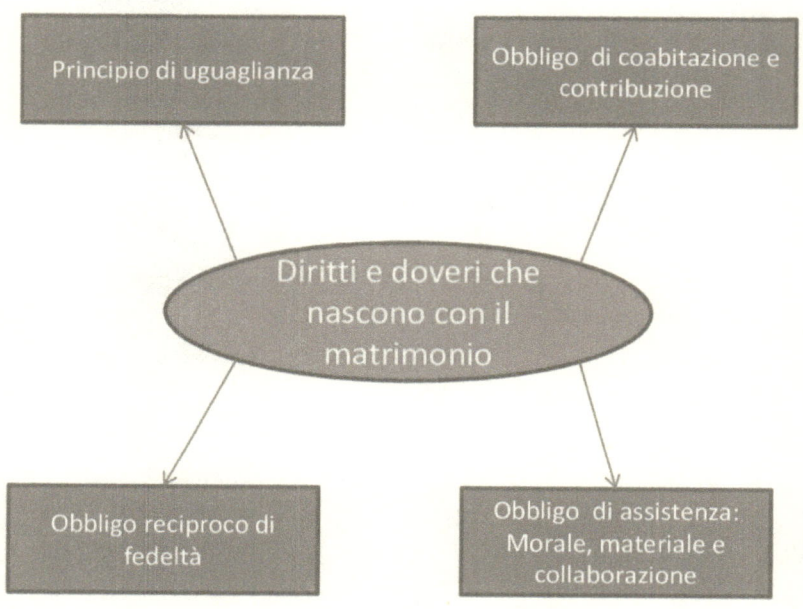

Principio di uguaglianza

Obbligo di coabitazione e contribuzione

Diritti e doveri che nascono con il matrimonio

Obbligo reciproco di fedeltà

Obbligo di assistenza: Morale, materiale e collaborazione

IMPRESA FAMILIARE

Salvo che sia configurabile un diverso rapporto, il familiare che presta in modo continuativo la sua attività di lavoro nella famiglia o nell'impresa familiare ha diritto al mantenimento secondo la condizione patrimoniale della famiglia e partecipa agli utili dell'impresa familiare ed ai beni acquistati con essi nonché agli incrementi dell'azienda, anche in ordine all'avviamento, in proporzione alla quantità e qualità del lavoro prestato.".

PROMESSA DI MATRIMONIO
atto attraverso il quale i fidanzati si impegnano reciprocamente a contrarre matrimonio

NON comporta obbligo di matrimonio ma se non si verifica determina un dovere di risarcimento dei danni LIMITAMENTE alle spese e alle obbligazioni contratte per lo stesso

PUBBLICAZIONI
affissione nella casa comunale di residenza di uno dei coniugi di un atto dove sono contenuti tutti gli elementi necessari ad identificare gli sposi ed il luogo di celebrazione

MATRIMONIO CONCORDATARIO
È il matrimonio canonico (cattolico) che rispetta anche i requisiti del matrimonio civile. (E' la tipologia di matrimonio storicamente più frequente in Italia)

Consente l'impugnazione

IMPEDIMENTI
rapporto di parentela, affinità, adozione e affiliazione/ delitto o tentato dellitto verso il coniuge dell'altra persona

MATRIMONIO PUTATIVO
Il caso in cui è invalido ma contratto in buona fede

PER ESSERE VALIDO:
maggiore età
libertà di stato
capacità di intendere e di volere
divieto temporaneo di nuove nozze

per la donna
300 giorni da scioglimento, annullamento, cessazione
Ratio: eventuale paternità

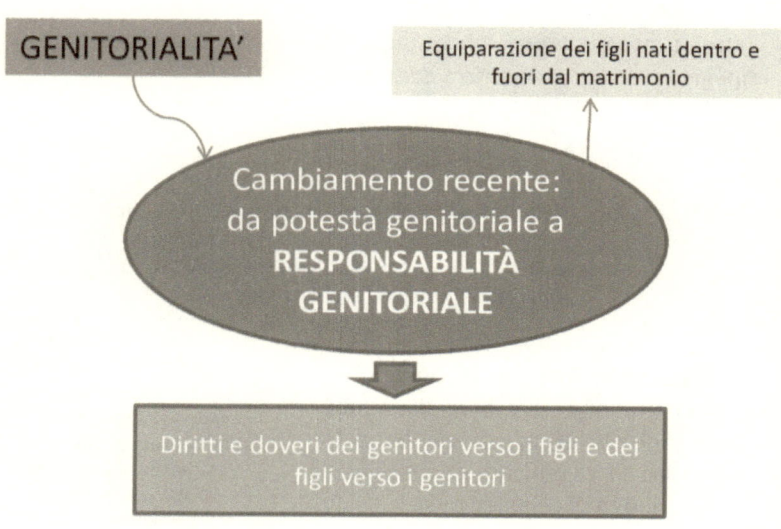

GENITORIALITA'

Equiparazione dei figli nati dentro e fuori dal matrimonio

Cambiamento recente: da potestà genitoriale a **RESPONSABILITÀ GENITORIALE**

Diritti e doveri dei genitori verso i figli e dei figli verso i genitori

GENITORI

DOVERI DEI GENITORI
- essere **mantenuto, educato, istruito e assistito moralmente** dai genitori, nel rispetto delle sue capacità, delle sue inclinazioni naturali e delle sue aspirazioni
- di **crescere in famiglia**
- **rappresentanza del minore**
- di **mantenere rapporti significativi con i parenti**

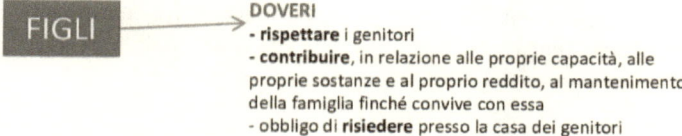

Usufrutto sui beni dei figli: fino alla maggiore età va ai genitori ma deve essere impiegato al mantenimento della famiglia e agli studi del figlio

FIGLI

DOVERI
- **rispettare** i genitori
- **contribuire**, in relazione alle proprie capacità, alle proprie sostanze e al proprio reddito, al mantenimento della famiglia finché convive con essa
- obbligo di **risiedere** presso la casa dei genitori

Diversa da regime patrimoniale
(Separazione e comunione dei
patrimoni durante il matrimonio)

Separazione dei coniugi

La **separazione** dei coniugi è un atto formale
a cui marito e moglie ricorrono quando sono
presenti cause interne o esterne alla coppia,
tali da rendere intollerabile la prosecuzione
della convivenza o che possono
compromettere l'educazione dei figli.

CONSENSUALE
Accordo tra le parti
GIUDIZIALE
Viene pronunciata in giudizio

 **AFFIDAMENTO DEI FIGLI**

IL GIUDICE
Decide su affidamento condiviso o meno
Quote di contribuzione tra genitori al mantenimento
Verifica se l'eventuale accordo tra genitori tutela anche i figli
(se non c'è un accordo tra le parti agisce in sentenza)

DIVORZIO

Assegno di divorzio invece
che assegno di
mantenimento
(separazione)
Reversibiità pensionistica
limitata

Il matrimonio si scioglie mentre con la
separazione i coniugi cessano i reciproci
doveri ma restano coniugati (coniugi
separati)

RIFORMA LEGGE 76/2016

Unioni civili

due persone maggiorenni dello stesso sesso costituiscono un'unione civile con una dichiarazione di fronte all'ufficiale di stato civile e alla presenza di due testimoni.
Ricevuta la dichiarazione l'ufficiale di stato civile provvede alla registrazione degli atti di unione civile tra persone dello stesso sesso nell'archivio dello stato civile.

DIRITTI E DOVERI

| le parti acquistano gli stessi diritti e assumono i medesimi doveri | l'obbligo reciproco all'assistenza morale e materiale e alla coabitazione | Entrambe le parti sono tenute, ciascuna in relazione alle proprie sostanze e alla propria capacità di lavoro professionale e casalingo, a contribuire ai bisogni comuni |

Effetti patrimoniali simili a quelli del matrimonio ma con limitazioni. Ad esempio è esclusa la possibilità di adozione della normativa attuale (dibattito su quella futura)

Convivenza di fatto

due persone maggiorenni unite in modo stabile da legami affettivi di coppia e di reciproca assistenza morale e materiale, non vincolate da rapporti di parentela, affinità o adozione, da matrimonio o da un'unione civile.

DIRITTI CONVIVENTI
Detenzione del convivente
Malattia o ricovero del convivente
Conferimento dei poteri di rappresentanza in casi di malattia o morte del convivente di fatto
Subentro nei diritti di abitazione della casa comune
Impresa familiare Interdizione e inabilitazione e amministrazione di sostegno ù
Diritto al risarcimento del danno da fatto illecito in caso di morte del convivente Diritto agli alimenti

LA SUCCESSIONE

La parentela e l'affinità

Il matrimonio

la responsabilità genitoriale

diritti e doveri che nascono dal matrimonio

la separazione dei coniugi

lo scioglimento del matrimonio

Il regime patrimoniale della famiglia

Le unioni civili e la convivenza di fatto

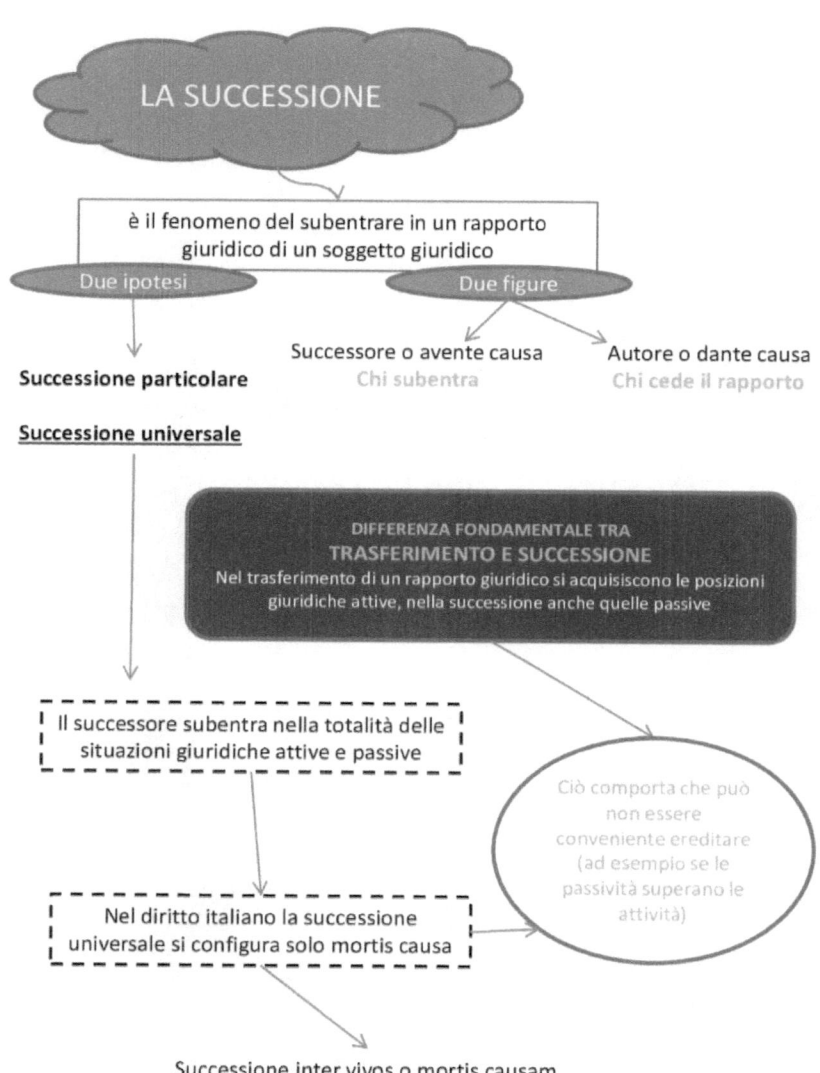

LA SUCCESSIONE

è il fenomeno del subentrare in un rapporto giuridico di un soggetto giuridico

Due ipotesi

Due figure

Successore o avente causa
Chi subentra

Autore o dante causa
Chi cede il rapporto

Successione particolare

Successione universale

DIFFERENZA FONDAMENTALE TRA
TRASFERIMENTO E SUCCESSIONE
Nel trasferimento di un rapporto giuridico si acquisiscono le posizioni
giuridiche attive, nella successione anche quelle passive

Il successore subentra nella totalità delle situazioni giuridiche attive e passive

Ciò comporta che può non essere conveniente ereditare (ad esempio se le passività superano le attività)

Nel diritto italiano la successione universale si configura solo mortis causa

Successione inter vivos o mortis causam

LA SUCCESSIONE MORTIS CAUSAM

È UNIVERSALE

RAPPORTI CHE SI TRASMETTONO	**RAPPORTI CHE NON SI TRASMETTONO**

DIRITTI PATRIMONIALI ASSOLUTI
DIRITTI DI CREDITO E DEBITI
CONTRATTI IN CORSO DI
ESECUZIONE
QUOTE SOCIETARIE

proprietà, diritti
reali di godimento
e le garanzie reali

DIRITTI E OBBLIGHI NON
PATRIMONIALI
DEBITI E CREDITI CHE HANNO
CARATTERE STRETTAMENTE
PERSONALE (es. vitalizio)
LE PRESTAZIONI DI FARE
(es. mandato)
CONTRATTI CON PROPENSIONI
DEL TUTTO PERSONALI

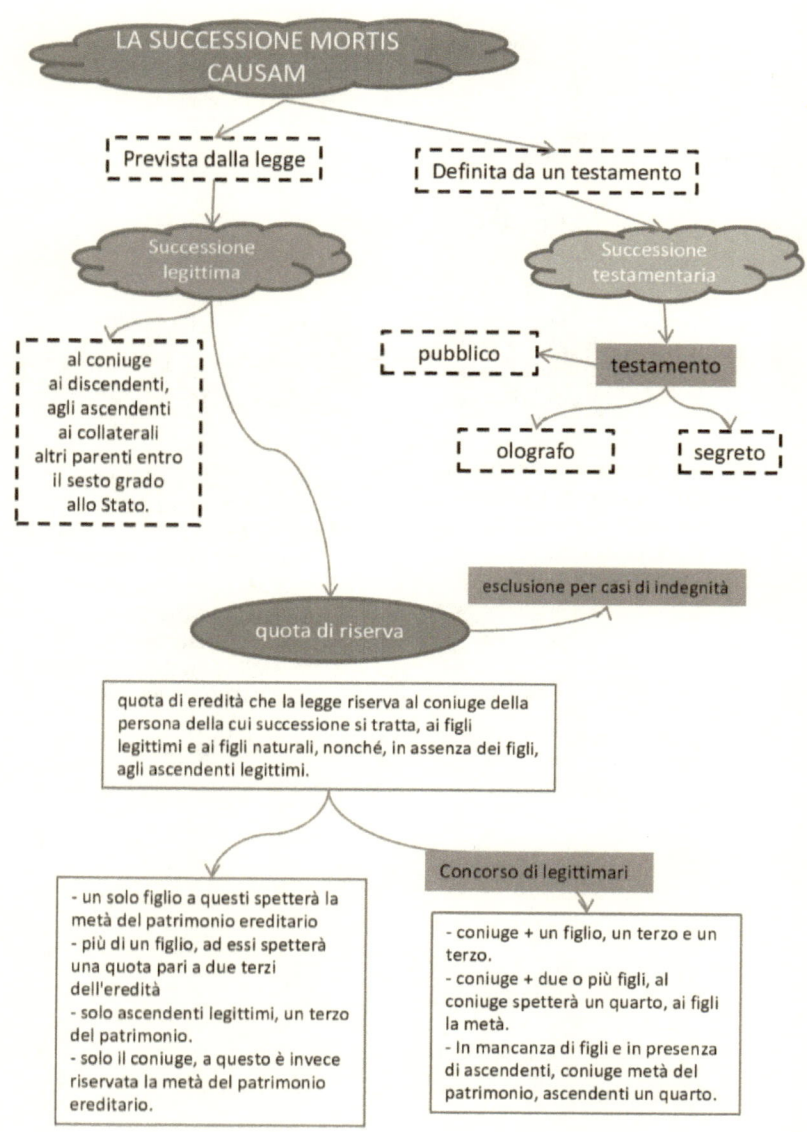

LA SUCCESSIONE MORTIS CAUSAM

Prevista dalla legge

Definita da un testamento

Successione legittima

Successione testamentaria

al coniuge
ai discendenti,
agli ascendenti
ai collaterali
altri parenti entro
il sesto grado
allo Stato.

pubblico

testamento

olografo

segreto

quota di riserva

esclusione per casi di indegnità

quota di eredità che la legge riserva al coniuge della persona della cui successione si tratta, ai figli legittimi e ai figli naturali, nonché, in assenza dei figli, agli ascendenti legittimi.

- un solo figlio a questi spetterà la metà del patrimonio ereditario
- più di un figlio, ad essi spetterà una quota pari a due terzi dell'eredità
- solo ascendenti legittimi, un terzo del patrimonio.
- solo il coniuge, a questo è invece riservata la metà del patrimonio ereditario.

Concorso di legittimari

- coniuge + un figlio, un terzo e un terzo.
- coniuge + due o più figli, al coniuge spetterà un quarto, ai figli la metà.
- In mancanza di figli e in presenza di ascendenti, coniuge metà del patrimonio, ascendenti un quarto.

Le tre fasi della successione

Apertura della successione

QUANDO si apre al momento della morte
DOVE nel luogo dell'ultimo domicilio del defunto.

Delazione

A CHI si individuano gli aventi causa (legali e testamentari
QUANTUM si definiscono lo quote che spettano ad ogni avente causa

Limite ai patti successori

Accettazione dell'eredità

I chiamati a succedere accettano l'eredità   (ENTRO 10 ANNI)

Accettazione semplice

Tacita se erede compie atto che implica volontà accettazione
Presunta se opera in diritto in modo da far presumere accettazione

Accettazione con beneficio d'inventario

Obbligatoria per:

soggetti incapaci
Persone giuridiche

La comunione ereditaria è una particolare forma di comunione caratterizzata dalla contitolarità dei beni ereditari da parte degli eredi di una persona defunta.

consente all'erede di evitare di confondere il suo patrimonio con quello del defunto, in modo da accettare l'eredità senza rispondere di eventuali debiti del defunto, superiori al patrimonio ereditato.

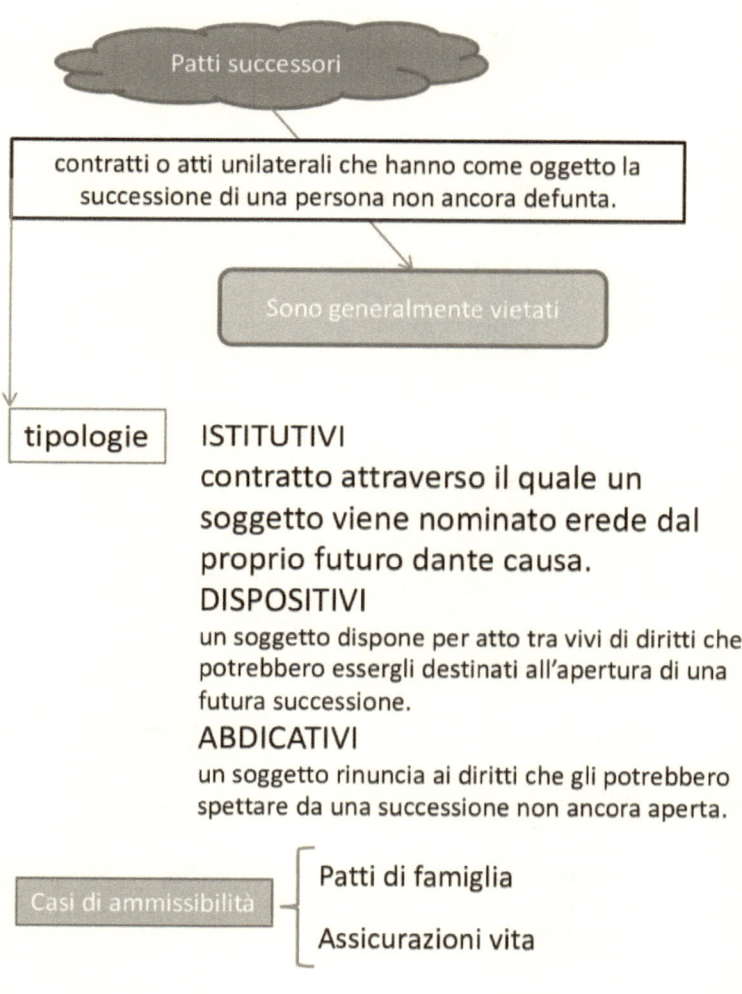

Patti successori

contratti o atti unilaterali che hanno come oggetto la successione di una persona non ancora defunta.

Sono generalmente vietati

tipologie

ISTITUTIVI
contratto attraverso il quale un soggetto viene nominato erede dal proprio futuro dante causa.

DISPOSITIVI
un soggetto dispone per atto tra vivi di diritti che potrebbero essergli destinati all'apertura di una futura successione.

ABDICATIVI
un soggetto rinuncia ai diritti che gli potrebbero spettare da una successione non ancora aperta.

Casi di ammissibilità

Patti di famiglia

Assicurazioni vita

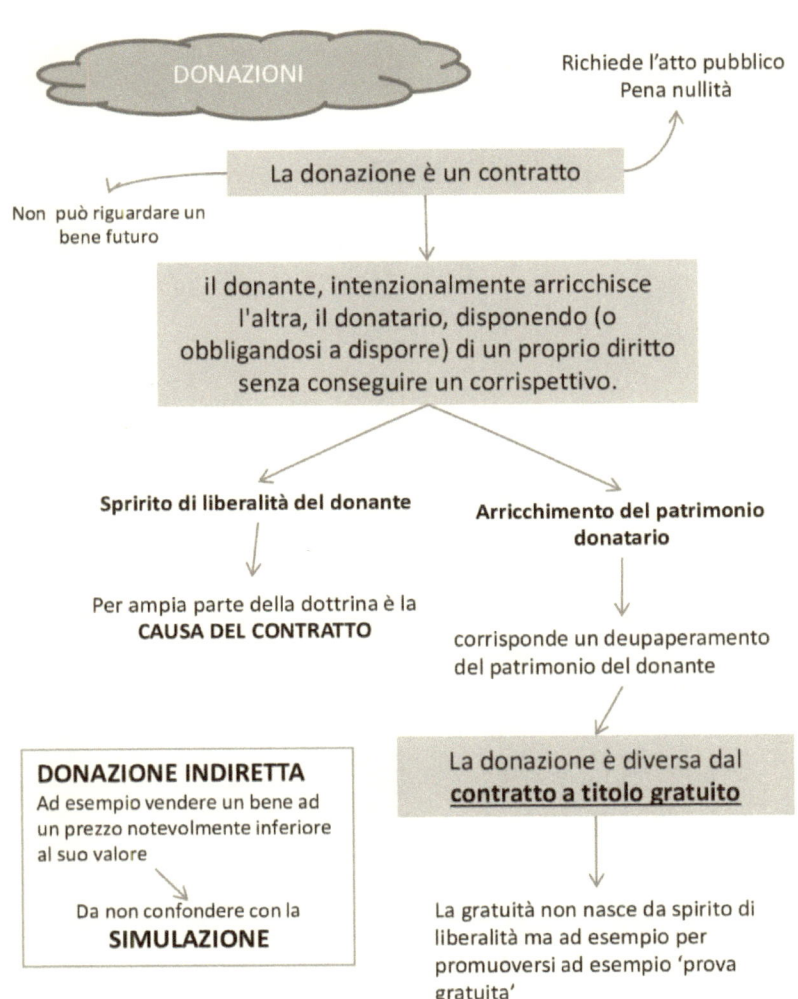

DONAZIONI

Richiede l'atto pubblico
Pena nullità

La donazione è un contratto

Non può riguardare un
bene futuro

il donante, intenzionalmente arricchisce
l'altra, il donatario, disponendo (o
obbligandosi a disporre) di un proprio diritto
senza conseguire un corrispettivo.

Spririto di liberalità del donante

Arricchimento del patrimonio donatario

Per ampia parte della dottrina è la
CAUSA DEL CONTRATTO

corrisponde un deupaperamento
del patrimonio del donante

DONAZIONE INDIRETTA
Ad esempio vendere un bene ad
un prezzo notevolmente inferiore
al suo valore

Da non confondere con la
SIMULAZIONE

La donazione è diversa dal
contratto a titolo gratuito

La gratuità non nasce da spirito di
liberalità ma ad esempio per
promuoversi ad esempio 'prova
gratuita'

Può essere fatta con condizione sospensiva o risolutiva
Può essere MODALE (mitiga l'arricchimento imponendo una prestazione per
la donazione) o OBNUZIALE se legata ad una promessa di matrimonio

È vietata la donazione mortis causa